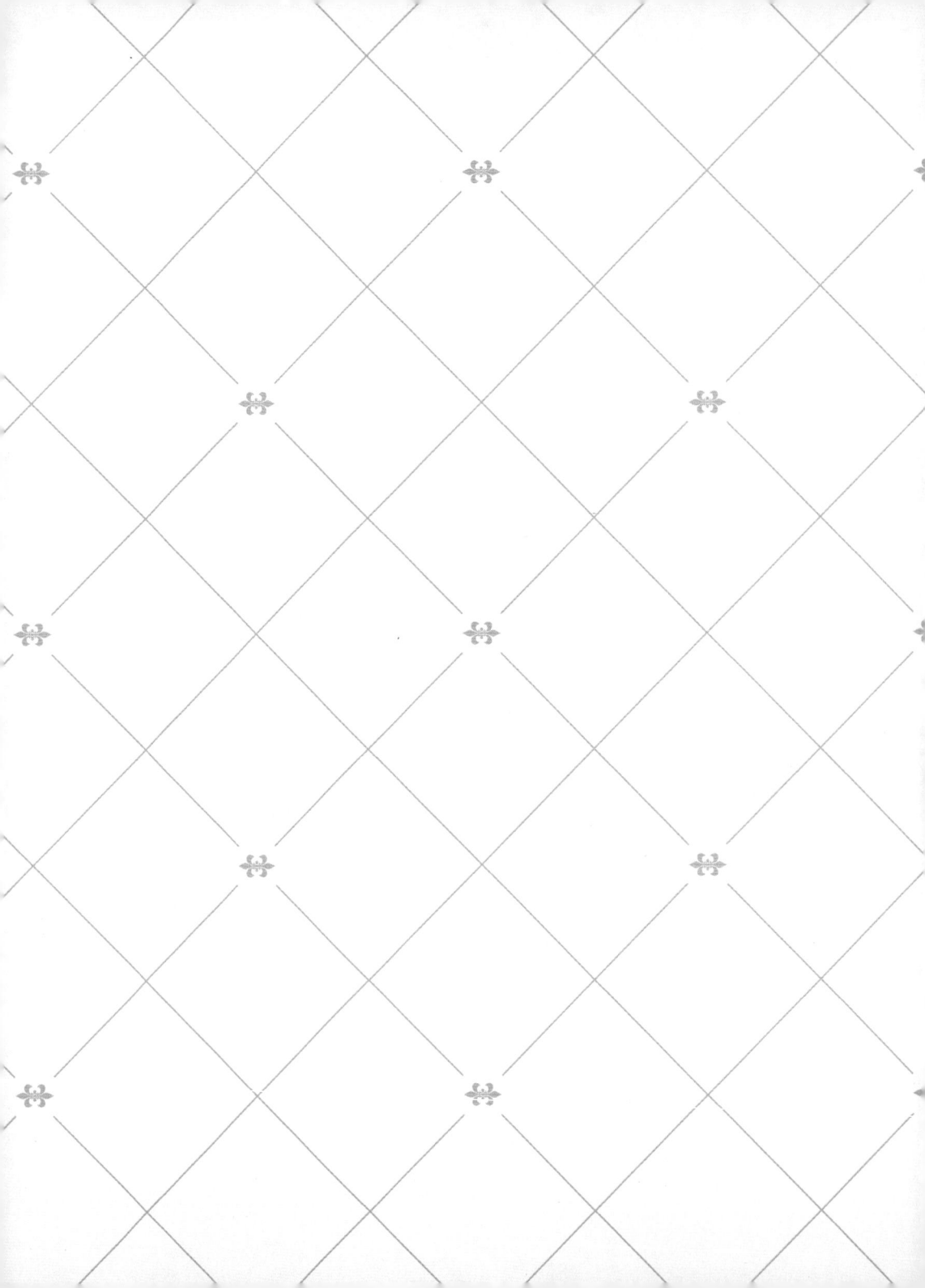

卢一慧 余晓盼 著

在东南亚窥视神之处所

海峡出版发行集团 鹭江出版社

2017年·厦门

图书在版编目（CIP）数据

在东南亚窥视神之处所 / 卢一慧，余晓盼著 . — 厦门：鹭江出版社，2017.12
 ISBN 978-7-5459-1406-1

Ⅰ . ①在… Ⅱ . ①卢… ②余… Ⅲ . ①旅游指南—东南亚 Ⅳ . ① K933.09

中国版本图书馆 CIP 数据核字（2017）第 245608 号

出版统筹：雷 戎		策划编辑：董曦阳	
责任编辑：郭 明		特约策划：张 芸	
特约编辑：赵 珏　王雯倩		营销编辑：范存榜　赵 娜	
责任印制：孙 明		排版制作：风信子	
插画手绘：卢一慧			

ZAI DONGNANYA KUISHI SHENZHICHUSUO
在东南亚窥视神之处所

卢一慧　余晓盼　著

出版发行：海峡出版发行集团		
鹭 江 出 版 社		
地　　址：厦门市湖明路 22 号	邮政编码：361004	
印　　刷：北京市十月印刷有限公司		
地　　址：北京市通州区马驹桥北门口民族工业园 9 号	邮政编码：101102	
开　　本：710mm×880mm　1/16		
印　　张：18.75		
字　　数：404 千字		
版　　次：2017 年 12 月第 1 版　2017 年 12 月第 1 次印刷		
书　　号：ISBN 978-7-5459-1406-1		
定　　价：70.00 元		

如发现印装质量问题，请寄承印厂调换。

推荐序 ❶

　　舒展身体漫游在太平洋和印度洋的"十字路口",张开手臂掠过热带雨林湿热的天空……我徐徐展开这幅东南亚的画卷,脑海中浮现出来的却是尼采的话:"随着精神视野与洞察力的扩张,对人而言,远方无非是四周的空间,因为他的视野变得更为深邃,总有新升的星辰、新的未解之谜与图景映入眼帘。"

　　因为《古兰经》,因为涅槃宫,从高山的崇拜到天界的净化。每站熙熙攘攘,总亦步亦趋;每天忙忙碌碌,竟空空蒙蒙。好像在谈异国风情,却在悟人生历练;好像是大千世界,却只是自身的镜像。

　　"仍然拥有的仿佛从眼前远遁,已经逝去的,又变得栩栩如生。"(歌德《浮士德》)终于我们放松了,因为都是陌生人;突然我们紧张了,因为似曾相识。漫漫人生之旅,勇者胜。释然吧!只有到达山巅才能毫无顾忌地放声大笑,极目天舒,一览众山小!

华东师范大学美术学系主任
当代艺术研究中心主任
韦天瑜
2016 年 12 月 25 日于上海

推荐序 ❷

　　自得其乐地活，去不同的地方游历，时而徘徊在陌生的城门边上，时而漫步在傍晚的海边，在有限的时间里享受着无限的空间。

　　这里让我们虔诚地闻着熏香，循着东南亚新加坡、斯里兰卡、马来西亚、柬埔寨、泰国五国十城的路线图，跟随作者体验这一地域的文化、宗教等人文精神及风俗习惯，漫步于宫廷庙宇、古代遗址及艺术场馆等，同时也少不了美食与趣闻……

　　东南亚为热带雨林气候，人们笃信宗教，始终恪守着自己的处世原则。当我们身临其境时，就可以领略到各国的当代繁华景象和原始图腾的强烈反差，感受不同于西方世界的异国情调。

伯克利加州大学访问学者
旧金山艺术学院导师
叶其璋

前 言

在关于旅行的记忆中，最令人难忘的是小学时代在炎热的暑假跟着父母四处爬山看海的往事。

清凉的树荫里，伴着蝉声，走在永远登不到尽头的山石台阶上，明亮的阳光下，戴着漏气游泳圈被退潮浪花慢慢卷入深海，奋力以怪异蛙式、狗刨自救……种种经历，现在回想起来，长久以来的好奇心、耐性和压抑恐惧感的冷静，可能是从这些细小的往事中逐渐形成的。

对于旅行，我并不鼓励你说走就走。先拥抱自己，再拥抱世界。古人把"读万卷书，行万里路"作为一种追求，用动静结合、直接与间接经验互补的方式滋养人生。所以出发之前，明确旅行对当下的自己的意义和必要性，再做决定。

随着阅读的深入和脚步的延伸，你会发觉身上开始慢慢地增加许多东西，也许是自信和坦然，也许是有趣和包容，不经意间总会有一些收获。

此书由多种机缘巧合促成，像一锅有魔法的浓汤，里头有大胆的梦想，理性的分析，纯真的爱情，感人的师恩，还有家人的信任，当然也少不了质疑和意想不到的囧事。

带着这些，我们背起行囊，朝东南方向走，拜访五个国家，十座城市，四十六个景点。我们用艺术家的方式去旅行。

坐在新加坡的大榴梿里听一场心潮澎湃的音乐会，站在斯里兰卡最迷人的浅蓝色海滩上观赏鲸鱼，到马来西亚画廊观看有着神秘丛林气息的油画的创作过程；面朝吴哥笑佛诉说自己无处可倾诉的心事。走累了，索性睡倒在风格迥异的怡人风景里，饿了来一口咖喱菠萝，渴了喝一口黄金椰子汁。你也许会像我们一样喜欢上清迈最爱卖萌的寺庙，还有身穿纱丽跳着康提舞的少女。

在路上的每一天都充满了快乐的新鲜事，仿佛你能把整个宇宙都装进心里，人生不一定会随之改变，但人生只有一次，要认真面对它。

在此感谢曾经慷慨帮助、悉心指点过我们并使这部书顺利完成的韦天瑜老师、周长江老师、李小英老师、梁卫洲老师、毛溪老师、汪涤老师等，感谢支持我们的家人和朋友。

卢一慧　余晓盼

2016 年 10 月 15 日

目 录 Contents

第一章
Thailand
黄袍佛国泰国
充满佛心的自由天堂
001

曼谷

002　兴衰更迭的历史文化
　　泰国国家博物馆（Bangkok National Museum）

011　建筑材料来自中国的泰式宫殿
　　泰国大皇宫（Grand Palace）

016　泥塑佛像有乾坤
　　玉佛寺（Wat Phra Kaew）

020　一座造币厂的逆袭
　　泰国国家艺术馆（National Gallery）

清迈

028　"好基友"结盟"北国玫瑰"
　　三王纪念碑（Three Kings Monument）

030　古城的喧嚣
　　塔佩门（Tha Phae Gate）

034　最美佛教藏经阁
　　帕辛寺（Wat Phra Singh）

040　恍如仙境银戒堂
　　锡苏邦寺（Wat Sisuphan）

044　全城最爱卖萌的寺庙
　　罗摩利寺（Wat Lok Molee）

050　遇仙山上有三宝
　　素贴山双龙寺（Wat Phra That Doi Suthep）

清莱

059　从"地狱"通往"天堂"
　　白庙（Wat Rong Khun）

066　充满野性的艺术之家
　　黑庙（Wat Sii Dam）

第二章
Singapore
花园城邦新加坡
落难王子的狮子城堡

076	用鼻子寻找最古老的街道 小印度（Little India）
082	在黑暗女神殿举行印度婚礼 维拉玛卡里雅曼兴都庙（Sri Veeramakaliamman Temple）
090	进寺前，请洗澡 苏丹清真寺（Sultan Mosque）
096	耶稣说："你们来，同我暗暗地到旷野地方去歇一歇。" 圣安德烈教堂（St. Andrew's Cathedral）
102	博物馆是学校教育的第二课堂 新加坡国家博物馆（National Museum of Singapore）
108	屋内下雨 新加坡美术馆（Singapore Art Museum）
112	莺歌燕舞"大榴梿" 滨海艺术中心（Esplanade - Theatres on the Bay）

第三章
Malaysia
热岛精灵马来西亚
东南亚风情大熔炉

121

	吉隆坡
122	只为那一刻置身圣洁的感觉 吉隆坡伊斯兰艺术博物馆（Islamic Arts Museum）
136	当代艺术作品最前沿 马来西亚国家美术馆（Malaysia National Art Gallery）
	沙巴
144	"风下之乡"的前世今生 沙巴博物馆（Sabah Museum）
148	画里有海风的咸味 沙巴艺术画廊（Sabah Art Gallery）
154	听见内心的声音 亚庇涂鸦广场（Kota Kinabalu Graffiti Square）
156	晴空与湖泊相拥 水上清真寺（Masjid Bandaraya Kota Kinabalu）
160	橙汁海洋、日光浴与火烧云 丹绒亚路海滩（Tanjung Aru Beach）

第四章
Sri Lanka
慵懒惬意斯里兰卡
印度洋上的一滴眼泪

科伦坡

170　郑和在这里丢了块碑
　　　斯里兰卡国家博物馆（National Museum of Sri Lanka）
176　爱美神眷顾之所
　　　斯里兰卡国家艺术画廊（Sri Lanka National Art Gallery）
180　希望升起的地方
　　　科伦坡独立广场（Independence Square）

加勒

186　站在迷人的浅蓝海滩看鲸鱼
　　　加勒古城（Galle Old Town）
193　海上丝绸之路航道最南点
　　　加勒乌德勒支碉堡与灯塔
　　　（Point Utrecht Bastion & Lighthouse）
196　海上遗珠的家
　　　斯里兰卡国家海事博物馆
　　　（National Maritime Museum）
200　哪里都有安放灵魂的地方
　　　荷兰教堂（Dutch Reformed Church）
204　把锡兰复古情怀带回家
　　　禁止招贴海报画廊（Stick No Bills Poster Gallery）

康提

208　花开花落终有时
　　　康提佛牙寺（Sri Dalada Maligawa）
216　舞动生命之源
　　　康提文化艺术中心
　　　（Kandyan Art Association and Cultural Centre）

第五章
Cambodia
灿烂遗珠柬埔寨
热带丛林中的东方奇迹

223

224　"众神"居住的地方
　　　吴哥窟（Angkor Wat）

234　遇到高棉猴家族
　　　通王城门（Gate of the Angkor Thom）

238　微笑的神秘面容
　　　巴戎寺（Bayon）

246　地老天荒，看夕阳
　　　巴肯山（Phnom Bakheng）

248　爸爸的藏剑阁
　　　圣剑寺（Preah Khan）

255　妈妈的仙女殿
　　　塔布笼寺（Ta Prohm）

258　蟠龙池水的奥秘
　　　涅槃宫（Neak Pean）

262　将军庙与参天蛇树
　　　塔逊寺（Ta Som）

268　皇族最后的归宿
　　　比粒寺（Pre Rup）

274　没有女王的女王宫
　　　女王宫（Banteay Srei）

第一章

Thailand
黄袍佛国泰国
充满佛心的自由天堂

　　以旅游而闻名世界的泰国，古称暹罗国，已有700多年的历史和文化。自公元1238年起，逐渐形成较为统一的国家，先后经历了素可泰王朝、大城王朝、吞武里王朝、曼谷王朝四个时期。经历几次更名之后，1949年5月11日，泰国确定取"泰"字命名，象征着这一方土地的独立自由。

　　泰国的版图就像一只大象，分为中部"象脸"、南部"象鼻"、东部"象口"、北部"象冠"和东北部"象耳"五个地区。

　　泰国素有"黄袍佛国"的称号，信奉四面佛，佛教为国教，佛教徒占全国人口的90%，是世界上最大的佛教之国。四面佛亦称梵天，是印度教、婆罗门教三大主神之一，是创造宇宙万物之神。在泰国佛教徒的心目中，四面佛法力无边，掌握着人间的荣华富贵，佛的四面分别朝向东西南北，分别代表健康、事业、爱情与财运。

　　近百年来，泰国无论是风俗、文学，还是艺术、建筑等各个方面，都和佛教文化有着千丝万缕的联系。泰国法律规定国王必须是佛教徒，所以每一位国王继位前都要出家入寺，过一段僧侣生活，登基时必须举行隆重的祭佛仪式。

　　与皇室一样，每个泰国男子在一生中必须出家一次，年龄和时间不限，但最短也要三天。他们通常会在结婚之前进行短期修行。男子出家为僧，就表示这位成员已届成年。这样的一次修行，会给家庭带来欢喜和祝福。泰国僧多庙多，古庙遍布全国，无论在都市还是在乡村，寺庙都是社会生活和宗教生活的中心，并且寺庙中的长老在社会中也有极高的地位。

　　佛教文化为泰国民众塑造了良好的道德标准，使他们形成了崇尚谦让、安宁、和平的温良民风。这里四季如夏，拥有众多海岛、美食及独特文化，非常适合旅游。让我们一起走近泰国，感受它的自由美妙吧。

曼谷 Bangkok

Bangkok National Museum
兴衰更迭的历史文化
泰国国家博物馆

曼谷是泰国的首都,也是全国最大、最发达的城市,曼谷非常开放和包容,汇聚了世界各地的文化,人们亲切地称这里为"天使之城"。

起先,曼谷只是一个小渔村。1782年,泰国国王拉玛一世昭披耶却克里(Chao P'ya Chakri, 1737—1809)下令从吞武里迁都曼谷,在此大兴土木,修路建城,著名的大皇宫和玉佛寺都是这个时期最杰出的作品。此后历代帝王不断增建,曼谷逐渐成为泰国政治、经济、文化都比较繁荣的大都市。拉玛一世为曼谷起了一

泰国国家博物馆入口处

博物馆内建筑的屋顶带有浓厚的泰国风情

博物馆内随处可见的艺术作品

雕梁画栋、彩漆描金的宫殿回廊

个全世界最长的名字，全称用泰文表示共有 167 个字母，全称音译为拉丁文字则有 142 个字母。它的含义有：天使之城、宏达之都、佛祖之宝、和平之地、极乐仙境、宝石之都、权威之神的住所……所以我们现在常说的曼谷其实是简称。

　　想要详细地了解这片乐土，得先前往泰国国家博物馆一探究竟。

　　泰国国家博物馆成立于 1874 年，原本位于大皇宫内，1887 年搬迁至现地址。现在的国家博物馆所在的王纳宫建于 1782 年，原是为储君准备的宫殿。拉玛五世朱拉隆功（Chulalongkorn，1853—1910）在位的时候，采取西方的治国模式，颁布了一系列重大的改革——废除奴隶制度，健全司法制度和财政制度，创立立法会议，革除老旧的行政官僚陋习，所以许多宫殿被改成了博物馆，到 1926 年才修整成了今天的样子。馆内除了陈列泰国各个时期的传统文物，更在 1993 年开始收藏现代艺术品。

　　泰国国家博物馆共有 14 个展馆，是东南亚最大的国家博物馆。院落内由白色大理石、红色地砖和嫩绿的草坪分隔成许多区域。这里的绿植尤其令人印象深刻，无论大小，每一株灌木都经过精心修剪，似灵芝，似青云。因为生态环境良好，许多鸽子和小松鼠在馆内栖息、玩耍。

展馆里有许多佛像

浮屠沙旺佛堂前的守护雕塑迦楼罗

金光灿灿的浮屠沙旺佛堂，屋顶有数不尽的莲花灯

馆内收藏的皇家马车

　　距购票厅最近的是泰国历史画廊，里面详细地展示了泰国700多年的兴衰更迭。泰国的历史不长：第一代是繁荣昌盛的素可泰王朝，开创了泰国历史纪元；第二代大城王朝几经战乱；第三代吞武里王朝昙花一现；现在的第四代曼谷王朝，历经九位拉玛的努力，趋于和谐稳定，国泰民安。

泰国历史画廊运用多种形式展示泰国的历史风貌，展品按照年代进行分类，摆放得井然有序。除了出土的陶器、瓷器、铜器、佛像、钱币、武器等，博物馆还精心制作了不同时期的人类活动的模拟场景。如表现泰缅战争的场景里，大象与勇士决斗的雕塑很有特色，人物模型精巧逼真，艳丽的服饰与背景彩绘融为一体。

浮屠沙旺佛堂建于1787年，内外都非常精致。佛堂前有四座鹰首人身的迦楼罗（Garuda）雕像守护，它们身形似天王，嘴如鹰喙，头戴鳞甲尖顶宝冠，羽发及肩，身披璎珞天衣，手持法杖，羽翼微敛，凤尾后翘，昂首直立，英武非凡。

在泰国，迦楼罗是国家和皇室的标识，体现着崇高的荣誉。从国徽、泰铢，到国王的节杖和皇室旗帜上都有迦楼罗的形象。迦楼罗是古印度神话和佛教典籍中的巨型太阳鸟，它也是中国古代传说中的金翅大鹏鸟。天下有无数迦楼罗，由威德、大身、大满、如意四大迦楼罗王统领。迦楼罗崇拜随着印度教和佛教的流传，在东半球产生了越来越大的影响。

走入金光闪闪的大门，殿堂内铺设了宽厚的木质地板，进门前需要脱鞋。室内是一个开阔的矩形空间，以红、黑、金三色为主，墙面均有繁复精美的壁画装饰。这是目前泰国保存得最好的曼谷王朝时期的彩绘壁画，描述了佛祖一生的故事，令人目不暇接。殿内中央供奉着黄金铸造的帕辛佛像（Sihing），这尊佛像是素可泰时期兰纳艺术的代表，是泰国最神圣的佛像之一，仅次于玉佛。平时有很多人会来这里祈福冥想，还有很多当地学生会来这里参加课外教育活动。

在玛哈素拉辛哈拉副王宫里面，收藏着13世纪之前的泰国艺术文物。这里分为亚洲艺术、史前艺术、堕罗钵底艺术、爪哇艺术、室利佛逝艺术、古印度教画像研究、华富里艺术等八个展区。

其中，Issaret Rachanuson Hall 是一个令人印象深刻的展馆，它展示了泰国的宫殿建筑文化。泰国的宫殿建筑很有特色，多以木质结构为主，汲取小乘佛教建筑的精华及其文化内涵，屋顶是分段遁落式的，以尖顶装饰，墙面金碧辉煌、琉璃镶嵌、彩漆描金。总体布局与园艺植被相互映衬，显得古朴别致。

这里还有一个展厅专门展示皇家马车。在一个非常高大的空间里，有很多装饰精美的柚木马车。泰国皇家葬礼实行瓮棺葬，葬礼步骤分为内棺出宫、组装外棺、移入棺轿、换乘皇家葬礼车、到达须弥塔、须弥塔内火化、骨灰供奉等。皇家葬礼车呈船形，雕刻着精美的神兽花纹，以珠宝、琉璃、金漆装饰，造型十分精致美丽。

泰国的艺术是和佛教一起发展起来的，两者有着密不可分的关系，宗教对这个国家有举足轻重的意义。

泰国大皇宫

Grand Palace

建筑材料来自中国的泰式宫殿

泰国大皇宫

泰国大皇宫位于曼谷,相当于中国北京的故宫,是泰国曼谷王朝国王的居所。它坐落于湄南河河畔,是曼谷市中心最壮观的古建筑群。

曼谷王朝之前的阿瑜陀耶王朝,皇宫坐落在曼谷以北的平原上,泰语寓意为"永远的胜利之城"。阿瑜陀耶城靠近缅甸,时常遭受高棉的军队骚扰,屡遭战火,1767年高棉人更是将阿瑜陀耶城彻底毁坏。1782年拉玛一世杀死国王达信(Taksin,1767—1782在位),自立为王,开创了曼谷王朝,随即迁都曼谷,兴建皇宫,有效避免了战争的侵扰。

迁都两年后,第一座宫殿——阿玛林宫建成,这便是大皇宫。此后的历代君主集合泰国建筑艺术精华,不断扩建皇宫,装饰日益华美,使其达到今天的规模。

起初,拉玛一世依照旧都王宫的式样来建造大皇宫,建筑以白为主色,坐北朝南,临河而建。白色宫墙高5米,长1900米。历时三年,皇宫终于建成,总面积284000平方米。大皇宫的主体建筑由玉佛寺、律实殿、节基殿、武隆碧曼宫、摩天宫殿群等殿宇构成。宫内有很多奇花异草、玉树琼枝,非常精致。此外,为了达到防御的目的,在大皇宫外围开凿了一条运河,宫墙转角处设有碉堡,东西南北四方均有大门。

大皇宫的主要建筑材料来自中国,这在泰国艺术厅保存的泰国当时呈送清廷的国书中可以得到证实:"暹罗要修建新都,要求中国免征船货税银三次,每次三艘船,如蒙大清皇帝同意,将载运大米、苏木去卖,广东一船,宁波一船,厦门一船,然后购买属于非禁品的砖瓦回国。"

1946年,年轻的泰王拉玛八世阿南塔·玛希敦(Ananda Mahidol,1925—1946)驾崩后,国王拉玛九世普密蓬·阿杜德(Bhumibol Adulyade,

第一章 黄袍佛国泰国
/ 充满佛心的自由天堂

无数迦楼罗守护着大皇宫

阳光下,金色的装饰物显得格外耀眼

大皇宫里的僧人

这里的游客络绎不绝

1927—2016)登基,他将六个宫室对外开放,自己搬到吉拉达宫(Chitralada Palace)居住,而象征王朝荣耀的宫殿依然存在。拉玛九世关心人民疾苦,不仅用皇室的收入救济灾民,他还在宫内开辟实验田,培育牛马,赠送幼畜良种到乡村,深受百姓爱戴。

高大的宫殿守卫者

Wat Phra Kaew

泥塑佛像有乾坤

玉佛寺

曼谷佛教历史悠久,有400多座寺院、庙观,是世界上佛寺建筑最多的地方。

在泰国,历代王朝都有在王宫中修寺礼佛的传统。素可泰王朝时有玛哈它寺,大城王朝时有帕希汕派寺,吞武里王朝时有黎明寺,而现在的曼谷王朝则有玉佛寺。

在大皇宫内的东北方向,有一个开阔建筑群,它就是泰国最神圣的地方之一——著名的泰国皇家寺院玉佛寺。

1434年,在清莱府的一座佛塔内有一尊普

玉佛寺外观

夜晚的玉佛寺一改白天的金碧辉煌，在霓虹灯下显得梦幻起来

通的泥塑佛像，一次雷击导致佛像鼻头的石灰脱落，露出里面翡翠的色泽，人们才发现这座佛塔里供奉的是一尊高66厘米、宽48厘米，由一整块碧玉雕刻而成的玉佛。举世罕见的玉佛被发现后，引起了世人的争抢，玉佛先后在老挝、清迈被供奉过。

1784年，拉玛一世在曼谷建立王朝的时候便将玉佛请到玉佛殿供奉。现在玉佛坐落在玉佛殿11米高的金色祭祀天坛上，佛座下有国王和迦楼罗的雕像。每到换季时节，泰国国王都亲自为玉佛更衣，表示对佛祖的崇敬，希冀国泰民安。甚至每当泰国内阁更迭之际，新政府的全体成员都要在玉佛寺向国王宣誓就职。到了五月农耕节时，国王会带领大家来到玉佛前举行宗教仪式，祈祷丰收。

整个玉佛寺富丽堂皇，所有建筑都有加高的

白色大理石基座，寺内分为玉佛大雄宝殿、碧隆天神殿、藏经阁、佛骨殿、钟楼和乐达纳金色舍利塔。此外，殿内还有许多跟大城王朝时期的风格相似的壁画，有摩罗扰乱图、三界图、佛陀事迹、国王出巡图等，环绕整座玉佛寺的走廊上绘着 178 幅《拉玛坚》壁画。壁画继承了大城时期的绘画风格，既有强烈的泰国民族特色，又有中国和西方绘画的影子。

《拉玛坚》是由印度史诗《罗摩衍那》派生出来的泰国史诗，讲述了天王拉玛和妻子悉达的悲欢离合：拉玛王子遭后母迫害被流亡后，其妻悉达又被长着 10 头 20 臂的邪恶魔王托萨堪劫走，囚禁在岛上，魔王逼迫她和拉玛离婚，然后嫁给他。拉玛和兄弟普拉一起动身寻找，历尽艰辛，途中得到了猴神哈努曼的帮助。哈努曼和他的猴子军队搭建了一条通往岛上的桥。经过激战，恶魔托萨堪被杀，悉达获救。《拉玛坚》的大部分版本在 18 世纪缅甸军队攻破阿瑜陀耶城时便已经丢失了，目前仅存三种版本，其中一种是拉玛一世的钦定本，后来拉玛二世将此版本其中一部分改写为泰国舞剧的剧本。这部史诗对泰国的文学和舞蹈都有很大的影响。

香烟袅袅，钟声悠悠，巍峨的佛塔，红顶的庭院，磬声清脆曼妙，诵经之声不绝于耳。几百年来，泰国的风俗、文学、艺术和建筑等各方面，几乎都和佛教有着密切的关系。佛教为泰国人塑造了道德标准，泰国人彬彬有礼，文雅勤勉。他们如同微笑的玉佛，传达着忍让、安宁、和平的精神。

玉佛寺内诵经的僧人们

National Gallery
一座造币厂的逆袭
泰国国家艺术馆

　　泰国国家艺术馆成立于 1977 年,位于曼谷昭法路上,距离大皇宫非常近,是泰国最重要的艺术馆。艺术馆院落很大,建筑外观为西式的,外墙为米黄色与乳白色,在蓝灰色的拱形木窗的映衬下,显得精致典雅。这座建筑的前身是泰国第一个国家造币厂,历史悠久。

艺术馆的西式建筑外观

入口处可以免费取阅艺术馆的宣传页

馆内陈列着许多泰国著名人物的胸像

泰国国家艺术馆里既有泰国传统艺术作品，也有很多新颖的当代艺术作品。展馆分为多个区域，展出了从17世纪至今泰国艺术家的作品。近些年来随着旅游业的日益发达，泰国艺术、文化也迅速发展。泰国艺术不仅传承了东方美学，还受到了印象派和立体派艺术家的深远影响。

一楼展馆内有多间收藏室，首先映入眼帘的是国王拉玛九世的画作。大部分以写实油画为主，如先代皇室成员的肖像，还有许多描绘泰国古代战斗场景的水彩画。继续向里走有一个红白相间的宽阔展厅，里面展示了描绘神仙、佛祖的大幅古画。旁边的蓝色展厅里有许多雕塑作品，其中有许多人物雕像，使用了黄铜、大理石、木质等材料，他们或为皇室成员，或是为泰国做出巨大贡献的科学家，还有身姿曼妙的泰国乐师舞者，雕塑造型精准，线条流畅，非常生动。

柜门图案（局部）细节

一个雕刻精美的柜子,双门上的图案描绘的是佛的故事

皇室成员肖像油画

泰国国王的塑像

表情诙谐的木雕

超现实的当代艺术展品,小人的身体是用一段段钢筋搭起来的

随着古画和雕塑的指引,踏过旋转楼梯,走向地下一层,你会发现一番新天地。

这里展出的是当代艺术作品,涵盖各种架上绘画、雕塑、摄影、装置和多媒体作品。大部分作品都是艺术家们新近创作的。最特别的是第一个展厅里一个巨大的装置,远看就像一个五彩缤纷的骷髅,其实它是由各种废弃的机车铁皮零件焊接而成的,金属光泽和亮丽的颜色给骷髅注入了现代质感,严肃又不乏幽默。

墙上的超现实风格油画将多种元素融合在一起,看似荒诞,却展现了扎实的绘画技巧,非常耐人寻味。馆内还展示了许多青年艺术家的观念摄影、绘画、装置作品,令人大开眼界。这些作品本身也体现着青年人新鲜的想法与对社会的关注、反思。

第一章 黄袍佛国泰国
/ 充满佛心的自由天堂

泰国国家博物馆 Bangkok National Museum

- 周三至周日 9:00 — 16:00
- 200 泰铢
- 4 Na Phra That, Phra Nakhon, Bangkok 10200 Thailand。博物馆位于玉佛寺北侧,与国家艺术馆相对,靠近大皇宫及皇家田广场
- 公交船至 The Chang (N9) 码头,步行即到;公交 3、6、9、19、30、33、43 路车可到达附近
- 博物馆很大,需要预留充足的时间,馆内餐厅的大杯冰咖啡性价比很高。

泰国大皇宫 Grand Palace

- 8:30 — 15:30,有王室仪式时闭馆
- 500 泰铢,包含宫内王室装饰博物馆和玉佛寺(当日有效)及宫外的柚木宫门票(7 日内有效)
- Na Phra Lan Road, Phra Nakhon, Bangkok 10200 Thailand
- 公交船至 The Chang (N9) 码头,步行即到;公交 3、6、9、19、30、33、43 路车可到达附近
- 这里游客非常多,注意保护好财物,文明参观。

玉佛寺 Wat Phra Kaew

- 8:30 — 15:30
- 350 泰铢(和大皇宫联票一共 500 泰铢)
- Na Phra Lan Road, Phra Nakhon, Bangkok 10200 Thailand
- 公车汽车,508/512;船,Tha Chang 位于大皇宫东北角,可从华南蓬车站搭乘公交 53、48 路车前往
- 穿长裤、长袖才可以进入。入口处可以免费租用服装。
  360 度欣赏玉佛寺网址 http://www.panogira.com/wat_phra_kaew/

泰国国家艺术馆 National Gallery

- 周三至周日 9:00 — 16:00
- 200 泰铢
- 4 Chao Fa Road, Chana Songkhram, Phra Nakhon, Bangkok 10200 Thailand
- National Gallery 位于国家剧院侧方,中间隔着宾克劳大街,离国家博物馆也很近
- 耐心寻找,有精彩展览在角落隐藏。

清迈 Chiang Mai

Three Kings Monument
"好基友"结盟"北国玫瑰"
三王纪念碑

清迈是一座历史悠久的文化古城。考古发现，清迈地区远在2000多年前就有人类居住和生活，13世纪兰纳王朝的曼格莱王（King Mengrai，1239—1317）在此建城，后来清迈一直被当作兰纳泰王国的都城。

相传曼格莱王的母亲是西双版纳景洪（现云南境内）统治者的女儿，父亲是清盛一带（现泰国境内）的统治者。其开创的兰纳王朝是清迈历史上最值得夸耀的一个王朝，现今在清迈城中亦可经常看到"Lanna"（兰纳）的字眼，可见兰纳在清迈人心目中的地位之高。兰纳王朝是清迈的黄金时期，国力昌盛了200年之久。

在清迈古城内的三王广场上有一座三王雕像，在诉说着清迈建城背后的故事。传说曼格莱王在一次打猎时发现了被视为吉祥象征的白鹿和白鼠，于是决定在此地建城。曼格莱王与素可泰王朝的国王兰甘亨大帝（Ramkhamhaeng the Great，1237—1298，其在位期间是素可泰王朝的黄金时代，相传泰文也是其创造的）、帕尧的南蒙王（King Ngam Muang，生卒不详）缔结了同盟友好条约，约定共同建造清迈城，三王共集结了9万人参与城市的兴建。

建好后的清迈城被一条18米宽的护城河环绕，呈长方形，东西宽1800米，南北长2000米。后人为了纪念这一伟大的事件，建了三王雕像来纪念他们。这就是三王广场上三王雕像的由来。曼格莱王时代的清迈逐步发展成一个强而有力的泰北王国，后来大兴土木，也兴建了不少寺庙建筑和佛像。这栩栩如生的三王纪念碑也就成了清迈最重要的一座历史纪念碑。

在纪念碑旁边的广场上，经常有当地人在雕像前烧香、献花，以示尊敬，一些纪念性活动也常在这里举办。

三王纪念碑

Tha Phae Gate

古城的喧嚣

塔佩门

清迈古城建于 1296 年,当时的建筑师把城市规划成矩形,用红色的砖块堆砌了约两米高的城墙。随着岁月的更迭,清迈的古代建筑大部分已经消失了。现在留下最完整的一座城门是东边城墙的塔佩门。正对塔佩门的路,就被称作塔佩路(Thapae Road),前往清迈的游客常常聚集在此地合影。

塔佩门前的广场是清迈人娱乐的聚集地,傍

阳光下的塔佩门

护城河边有一段遗留下来的老城墙,在老城墙上可以看到岁月的痕迹

晚会有街头歌手在这里搭起架子鼓和音响,自由弹唱,许多游客都会来此观看表演。广场上还有很多白鸽,它们不怕人,甚至会大方地向人们讨食物吃。

每逢周末,塔佩门前热闹非凡,夜市在清迈是天天有的,周一到周五是长康夜市,周六有周六夜市(Saturday Walking Street)。塔佩门的周日夜市是清迈古城最大的夜市,仿佛全城出动,搭建起一个巨大的市场,市场内的商品琳琅满目。傍晚五点,城内响起国歌,所有人都自觉站立,国歌一结束夜市便正式拉开帷幕。市集中央还会搭一个舞台,当地知名的歌手会在上面表演,周围的店家用五彩缤纷的帆布搭起棚子,贩卖着自己的得意之作——土著陶俑、原创首饰、手作娃娃、风景油画等。人们摩肩接踵,买卖谈笑,夜市的气氛热闹非凡。第二天早晨广场十分干净,昨晚那一派热闹场景如同虚浮幻影。

塔佩门外围的护城河

城门入口处

Wat Phra Singh

最美佛教藏经阁

帕辛寺

清迈城外最知名的寺庙是素贴山上的双龙寺，城内最知名、规模最大的寺庙当属帕辛寺。

帕辛寺又称普拉辛寺，位于清迈城的中心位置。该寺建于 14 世纪，是由帕邀王（King Pa Yo）建造的，可谓历史悠久，寺庙中的建筑物的名字都是梵文。帕辛寺主要是供奉帕邀王亲狮佛帕辛（Phar Singh）的骨灰，后经多次扩建才形成现有规模。寺院正中有一座建于 16 世纪、高约 20 米的大金塔，据说塔内保存着佛祖释迦牟尼的舍利子。清迈历代王朝的帝王对帕辛寺都十分崇敬，常来此礼拜，因此这里终年香火鼎盛，游客络绎不绝。

传说狮佛帕辛的佛像来自斯里兰卡，其面容却带着浓浓的泰北风味，但他又不是典型的僧伽罗人。

帕辛寺内正殿的建筑与雕刻非常值得细细欣赏。正殿建筑细腻精致，华丽辉煌。面向东方入口处的阶梯两侧，有泰北常见的金龙与两尊石狮守护。正殿金黄色的飞檐在阳光的照耀下闪闪发光，殿檐末端挂有铜铃，殿内后墙则有纯金的雕刻模板和金漆房绘的朱红房柱，院内四周墙上有手绘的佛教故事壁画，壁画描绘了泰国两个古老的文学作品里的故事：南墙描绘的是泰北流行的金天鹅（Suwannahong）的故事，北墙描绘的则是金色海螺王子（Sang Thong）的故事。北墙上的壁画据说是一个在曼谷学习的中国人于 1953 年修复的，有意思的是，窗上的

帕辛寺

正殿内部供奉的佛像和高僧像

正殿前泰北常见的金龙造型

主殿周围有四座佛殿，山门上的雕刻美轮美奂

莱卡僧院的门口设置了供奉台，供信徒们表达自己对佛祖的敬意

一个小人像被认为是画家的自画像。这些壁画展示了高超的绘画水平和技巧，充满兰纳风情和泰北文化色彩，彰显出清迈鼎盛时期的建筑艺术。

帕辛寺体现了古典兰纳风格的最高水平，其中莱卡僧院（Viharn Lai Kham）是帕辛寺中的主要景点。莱卡僧院建于三芒玛王（King Saen Muang Ma）时期，僧院用传统的柚木建造，围墙很低，三层有翼屋顶，门廊上有精美的山墙。僧院最著名的地方莫过于僧院的"金黄图案"。

白天，僧院外面的金黄图案和黑漆面在阳光下闪闪发光，早晨和傍晚它们还会改变颜色，十分壮观。僧院里还有许多壁画，这些现实主义的壁画记录了 19 世纪兰纳人民的日常生活。其他壁画描绘了《佛本生经》中的故事。

帕辛寺右侧耸立着一座建于 15 世纪的木造藏经阁（Ho Trai），这座泰国最美的佛教藏经阁展现了泰北典型的建筑风格：下方有架高的地基，上方则有精致的木雕、灰泥装饰与马赛克，

寺庙内设有黄卷,叫作祈福布幔,游客可以在上面写上祈福语

当地人喜欢向佛祖敬献荷花,这座佛塔里供奉的是帕邀王父亲的骨灰

外墙的灰泥佛像浮雕沉静庄严,象征着佛教的智慧之美。

大殿右方有一座建于1806年的佛塔,四面分别供奉不同的佛像以及雕工精致的玉佛。佛塔转角的地方,就是供奉帕邀王父亲的骨灰之处。每年4月的泼水节,帕辛寺住持会为大佛净身,接着将大佛请出殿外游行,来自各地的虔诚佛教徒拥入寺庙祭拜,并聆听师父讲解佛教教义。如果在这期间去泰国,那么不妨到清迈帕辛寺体验一下寺内最大的浴佛活动。

寺庙周围的古树郁郁葱葱,环境阴凉幽静,新植的小树和各种颜色的花儿为严肃的寺庙增添了几分亲切,对比寺外的烈日炎炎,寺内的这份亲切也常引得一些当地人禁不住在这里拍起照来。

Wat Sisuphan

恍如仙境银戒堂

锡苏邦寺

锡苏邦寺建于 1502 年，是泰国唯一的银戒堂。整座寺庙除了大殿内的支柱和房梁，其他部分都是重新修建的，但仍然保持了锡苏邦寺的原汁原味，并未添加过多现代建筑的元素。

白天参观锡苏邦寺的游人很少，连本地人都很少前来。穿过兰纳风格的传统门楣，就会看见一座银殿坐落在花园里，在阳光的照射下耀眼夺目。花园里还摆放着不少盆景和各类萌萌的小雕塑，如哆啦 A 梦、小沙弥等，童趣十足。

整座寺庙是用纯银、复合银和铝的混合钢材打造的，内外都覆盖着一层银色的浮雕，非

到了夜晚，不同颜色的灯光为锡苏邦寺锦上添花，因此也吸引了不少游客前来观光

打上绿光和紫光的银戒堂看起来更加神秘

常精致。夜晚的银戒堂，在各色灯光的映照下，更加令人震撼。

进入银殿之前必须脱鞋。正殿比清迈古城里的寺庙小很多，但因为视力所及范围内都是一片耀眼的银光，它显得格外宏大。

银戒堂旁边有一个小型神坛，银色的华盖下有一尊异常奢华的象头神雕塑迦尼萨（Ganesha）。他是智慧之神，是湿婆神与雪山女神之子。迦尼萨形象为象头人身，通体银色，大腹便便，四只手上均持有法器，象头神身上挂满金色的装饰，身旁两只鼠神部下在向他朝贡。

寺庙因为其出类拔萃的银雕技艺而扬名，还专门办了一所教授银雕的学校。每天寺庙里都有许多教学活动，游客也可参与。运用铁锤、铁杵，在薄薄的银片上雕龙画凤，那画面相当令人惊艳。

锡苏邦寺除了教授银雕的活动外，每天傍晚还有一个"辩经"活动，活动中，人们可以同寺庙里的僧人聊天，探讨深奥玄妙的佛经或是平淡质朴的僧侣生活等话题。

神坛内的象头神雕塑迦尼萨

银戒堂的左侧是金色的主殿

主殿内的佛像

寺庙花园里可爱的小沙弥雕塑

Wat Lok Molee

全城最爱卖萌的寺庙

罗摩利寺

罗摩利寺位于泰国清迈市古城北部，与古城一河之隔，距今已有500多年历史，是少数几座经历了泰国与缅甸战争后保存下来的寺庙。它由兰纳王朝的第六位国王建造，见证了泰民族最辉煌的兰纳王朝的兴衰史。

为了把佛法发扬光大，国王从素可泰请来一位高僧主持寺庙。后来战火纷飞，罗摩利寺一度被闲置，直至兰纳王朝第十二位国王继位才被重

罗摩利寺入口处

罗摩利寺大门口有大石象守护

建，只可惜直到国王驾崩也未能完工。后来，国王的女儿继承父志，完成了罗摩利寺的重建工程，经历了万般磨难的罗摩利寺才有了今日的规模。

在建筑结构上，罗摩利寺与泰国众多用钢筋水泥筑成的寺庙不同，它是由青砖一层层堆砌而成的，辉煌的兰纳文化依然能从青砖上窥见一斑。

罗摩利寺的门外有两头白色大象，呈迎宾状立于两侧。进入大门后可以看到许多挂满金枝银叶的树，树叶上写满了人们的心愿和期许，这些树是象征兴旺和财富的摇钱树。

主庙内部

红瓦黑檐的寺庙主建筑，草坪上是用红色陶土制作的十二生肖像

寺庙内有许多神形各异的佛像和僧人雕塑

寺庙内气势雄伟的大佛塔

寺庙内的摇钱树，游客可以在树叶上写上自己的名字

寺庙主建筑红瓦黑檐，房顶是典型泰式古建筑，层层叠叠，错落有致，门前有白色石雕神兽守护，鹰嘴长角，鳞片五彩缤纷、英姿绰约，非常威武。门廊的墙壁上镶嵌了多幅版画，版画描绘的大多是佛祖的故事，除了版画，还有大量的彩色琉璃和黑白相间的雕花装饰。进入室内一看，用"画栋雕梁"形容最合适不过了，十几根棕红色的巨型柱子高高地撑起屋顶，随着视线抬高，会看到房顶五彩缤纷的琉璃装饰，阳光透过窗户给室内洒了层暖橘色的光，金色大佛端坐其中，檀香袅袅，肃穆古朴，让人的心一下子沉静下来。

环绕寺庙的草坪上有许多用红色陶土制作的十二生肖像，相传十二颗佛祖舍利分别藏于泰北十二座庙宇，这十二座寺庙的建造年份又分别对应着十二生肖。罗摩利寺中有一座气势十分雄伟的大佛塔，大佛塔周围就是仿造泰北十二座寺庙而建的金色小寺庙，值得一看。

Wat Phra That Doi Suthep

遇仙山上有三宝

素贴山双龙寺

素贴山位于清迈以西 16 千米处，海拔 1667 米。山顶白云缭绕，风光秀丽，站在山上的观景台上，可将清迈市区全景尽收眼底，这个观景台可谓是清迈的天然瞭望台。当地华人称此山为"遇仙山"或"会仙山"。

双龙寺位于素贴山山顶，在素贴山的半山腰往上看，便可以看到寺庙在太阳的照射下金光四射。双龙寺建于 1383 年兰纳王朝时期，传说有位锡兰高僧带着几颗佛舍利来到了泰国，为防止佛舍利被人抢走，便将佛舍利放在白象身上，任

要爬上 309 级台阶，才能到达双龙寺的正殿

传说中的白象

由白象行走,所停之处便是将来供奉佛舍利之地。白象载着佛舍利随意游荡,高僧紧随其后,白象最终在双龙寺停下,趴下便没再醒来。高僧在此处建造了舍利塔来供奉佛舍利,后来人们在通往舍利塔的山路上造了两条贴着亮片的金色娜迦龙,把这座寺庙称为"双龙寺"。

据说,双龙寺有三件宝物:一是佛塔中供奉的释迦牟尼佛的舍利子;二是九世皇所赠予的水晶莲花,四周用宝石镶缀而成,置于塔的顶端;三是正殿的释迦牟尼佛像。另外,寺内有一幅鸡的照片,传说此鸡为和尚化缘得来,但和尚不忍杀生。此鸡为了感恩,每当有游客衣着过短,对佛祖不敬的时候,这只鸡便会啄他。

早在远古时期,中国和泰国的先民都将"龙"作为图腾来崇拜。随着时代的变迁,龙的造型和所代表的文化意义已经截然不同。在泰国,龙的图案主要用于佛教寺庙中,例如佛寺的门口、窗楣、屋檐边都可以做成龙的造型。在造型上,泰国的龙头上有羽冠,龙头数量不等,可以有三到四个,也可以只有一个,龙无四肢也无爪子。在泰国,龙被视为寺庙的守护神,而不是专属于皇室的图腾,这点与中国大相径庭。

进入寺庙可以选择乘缆车或步行。大多数人爬到山顶便已筋疲力尽,不用说当然是选择乘缆车直奔寺庙,所以即使下午4点钟依然有长长的队伍排在缆车口等候。若是选择徒步登上正殿,则要走309级台阶才能到达双龙寺的正殿。阶梯的两侧分布着纳迦护卫,拾级而上,仿佛身处从人间通往天堂的彩虹桥上。

第一章　黄袍佛国泰国
/ 充满佛心的自由天堂

寺庙内的各色佛像与风铃

广场正中央的金塔

第一章 黄袍佛国泰国
/ 充满佛心的自由天堂

善男信女围绕着金色的佛像诵念佛经

夹在两座殿堂之间的象神，据说是财神的象征

　　进入寺庙，就会看见那头传说中的白象，一米多高的白象塑像像守护神一样矗立在门口，另外还有一尊巨大的弥勒佛像，笑意盈盈，敬拜者甚多。

　　穿不过膝的短裙或短裤的游客会被工作人员拦在门口，被要求去对面的商店租一条长裙裹在腰上才能进入寺庙。寺庙内的瓷砖地板非常干净，进入参观需要脱鞋。

　　进入寺庙后，就能看到里面的一个小广场。正中央的主塔是一座金碧辉煌的金塔，整座塔几乎贴满了金箔，金塔旁边还有黄金打造的金伞盖，整座寺庙都金光闪闪，映衬得天空碧蓝如洗。双龙寺里面有神态各异的佛像，金佛、玉佛、卧佛等姿态万千，其中金佛前面的莲花油灯，是专供信徒添油祈福的。

　　寺内有东南西北四座佛殿，由一个长廊连接起来，共同组成一个建筑群。每座佛殿内都供奉一座佛，而信仰小乘佛教的泰国只供奉释迦牟尼。寺庙内有一群善男信女持着荷花或香烛，双手合十，口中念念有词，绕寺庙中心的佛塔一周又一周。绕塔三周是佛教徒必做的仪式，每绕塔一周，手里的经文也要随之更换。虔诚的游客和佛教徒在此静心祈祷朝拜，虔诚而圣洁。

　　没有建筑物遮蔽的佛塔在阳光下格外耀眼，高耸的塔尖庄严肃穆。佛塔的另一侧有八座姿态各异的佛像，前七座分别代表着礼拜一到礼拜天，出生在礼拜几就去为哪座佛像前面的莲花灯添加灯油，不知道自己是礼拜几出生的，可以为第八座佛像前面的莲花灯添加灯油来祈祷平安健康。

帕辛寺 Wat Phra Singh

- 🕐 6:00—18:00 每年4月13日至15日，帕辛寺是人们庆祝泼水节的主要地点之一
- 💰 免费
- 📍 Singharat Road, Chiang Mai, Thailand
- 🚌 步行、自行车、TUTU车、双条车

三王纪念碑 Three Kings Monument

- 🕐 全天　💰 免费
- 📍 Phra Pokklao Rd, Mueang Chiang, Mai District, Chiang Mai, Thailand
- 🚌 位于清迈古城的中心位置，步行前往即可
- ℹ️ 广场很宽阔，如果运气好，会碰到有意思的秋千。

罗摩利寺 Wat Lok Molee

- 🕐 全天　💰 免费
- 📍 298/1 Manee Nopparat Road, Si Phum, Chiang Mai, Thailand
- 🚌 步行、自行车、TUTU车、双条车
- ℹ️ 寺内有一座僧侣学校，会有许多僧人进出。寺庙中停放着几辆古董老爷车，很酷，还摆放着很多萌萌的小雕塑和玩具，轻松诙谐的现代感与古老的庙宇形成鲜明的对比。

锡苏邦寺 Wat Sisuphan

- 🕐 全天
- 💰 免费
- 📍 100 Wua Lai Road, Hai Ya, Chiang Mai, Thailand
- 🚌 从古城步行可达
- ℹ️ 寺内有泰国唯一的银戒堂，值得欣赏！

塔佩门 Tha Phae Gate

- 🕐 全天
- 💰 免费
- 📍 Tha Phae Road, Chiang Mai, 50300, Thailand
- 🚌 步行、自行车、TUTU车、双条车
- ℹ️ 这里是周日夜市的起点。在路边拦一辆双条车去逛下古城外充满艺术气息的宁曼路，手工服饰与艺品、千人火锅宴、泰式按摩，都是不能错过的！

素贴山双龙寺 Wat Phra That Doi Suthep

- 🕐 6:00—18:00　💰 30泰铢
- 📍 素贴山山顶
- 🚌 乘从清迈大学位于Th Huay Kaew街上的主大门出发的红色双条车（Sawngthaew）前往素贴山，或包双条车
- ℹ️ 双条车凑满10个人便可以出发，每人车费是20泰铢，包车的价格是150—200泰铢。如果想以最惬意的方式前往双龙寺，可以选择租一辆小摩托前往，从老城到素贴山脚下只要15分钟。微风拂面，沿途风光尽收眼底。在清迈骑行是一种很美好的体验。

第一章 黄袍佛国泰国
/ 充满佛心的自由天堂

气势恢宏的白庙

清莱 Chiang Rai

Wat Rong Khun
从"地狱"通往"天堂"
白庙

从清迈驱车沿着亚洲公路（Aisa）一路向西行驶，约三个小时后便会到达清莱。

清莱是清莱府（Chiang Rai）的首府，是泰国最北的城邦。它建于 1262 年，与缅甸、老挝为邻，16 世纪曾被缅甸占领，直到 1786 年才回归泰国。1910 年拉玛六世在位期间，清莱正式设府。

清莱府的山区正是电影中常出现的"金三角"，正好处于泰国、缅甸、老挝三国的交界。从前该区域是种植罂粟和制造鸦片的大本营，经过政府的整改，现已改种果树和其他农作物。

尽管清莱从建城开始就常为战争所累，但近些年泰国艺术界的先锋人物纷纷到清莱创作，为这里带来全新的面貌。这其中以查霖猜（Chalermchai Kositpipat，1955— ）和塔宛·杜查尼（Thawan Duchanee，1939—2014）最为著名，白庙和黑庙分别是这两位大师的代表作。

白庙于 1997 年开始建造，至今还有一些建筑尚未完工。这是以佛教神话为主题的寺庙群。建筑师

白庙内的地狱长廊，一双双手仿佛从地狱中伸出，似乎在做最后的挣扎

查霖猜一直对佛教文化痴迷不已，时常流连于泰国的大小庙宇宫殿，醉心于佛教壁画的艺术，神游在似真似幻的佛国世界中。

相传，佛祖在一个夜晚出现在他的梦境里，并指着一片洁白如雪、银光闪闪、晶莹剔透的白色寺庙群示意他看。他为这美景所折服，佛祖对他说："你的责任就是要建一座洁白的寺庙！"查霖猜从梦中惊醒，立刻执笔将那圣洁的美景绘出。那建筑通体洁白，银光闪闪，檐飞神鸟，顶立神像，墩卧神龟，幡衬流云，错落有致……他将自己的全部财产、时间和精力都投入白庙的建设中。

关于修建白庙的原因和目的，坊间有三种传言：为了庆祝国王七十大寿；送给国王和王后的礼物；为了教化世人，推动当地旅游业的发展。而建筑师本人是这样说的："我想创造一个对自己的国家有价值的建筑，也希望泰国的佛教艺术在国际上得到认可，我想把这座寺庙打造成像吴哥

身着不同颜色衣服的游客,在白庙中显得特别醒目

通体洁白的寺庙如梦似幻

寺庙内的佛像

窟之于柬埔寨一样的珍宝。所以我将自己的所有时间都奉献给了这座寺庙，我不仅提供想法，还培养很多学生来帮我建造这座宏大的寺庙。可能在我死后60年到90年，这个项目才会完成。"

查霖猜在建造这座寺庙时不仅婉拒了其他人士的资助，而且坚持不收门票、不收停车费、不要香火钱，只靠出售自己的画作作为建庙的资金，因此这座宏大的建筑建建停停。有记者问他为何这样做，他说："我想成为全世界唯一一个能有如此大创作自由的艺术家，我不想在别人的影响下创作，因此我不接受任何捐助。"不知这座寺庙会不会像巴塞罗那的圣家族大教堂一样一造数百年，虽然它至今仍未完工，但即使这样也不妨碍它的伟大，联合国早已将其列入《世界遗产名录》。

寺庙的主建筑是被称为"天堂"的主殿，要进入主殿必须穿过一条名为"地狱"的白色长廊，建筑师在这条长廊下加入了很多描绘地狱的雕塑。长廊的入口处有许多缠绕着枯树枝的蛇，干涸的池子底下有无数只手挣扎着伸出地面，仿佛堕落的灵魂在等待被救赎，这些手有的托举着瓦罐，有的托举着贝壳，呈现出一幅人间地狱的震撼场景。地狱的尽头有两根形似象牙的石膏分立两边,仿佛一道进入天堂的拱门。走在桥上,不时地有工作人员拿着大喇叭高喊"不要回头,回头就会坠入地狱"。讲解员说:"他们相信人死后如果想进天堂,就一定要经过一座桥,只有没做过什么坏事的人才能走过这座桥,到达彼岸的天堂。"

远远望去,白庙的建筑群如同大雪中的冰雕一样在太阳的照射下散发着银白色的光芒。寺中雕刻着许多祥龙,镶金镀银,造型华丽,佛殿外墙上还镶嵌着许多玻璃镜面,反射出炫目的光芒,寓意佛陀的纯洁和佛的智慧照耀着全宇宙。位于天堂的主殿里有一尊佛像,墙壁的背景是手绘的巨幅佛像壁画,占了整整一面墙,非常壮观。主殿的内部还有很多未完工的壁画。佛像对面的大门墙上,绘着迈克尔·杰克逊、超人、蜘蛛侠、蝙蝠侠、绿巨人、机器猫等超级明星、电影人物和卡通形象。有许多外国游客看着绘画中的现代人物,直说"It's funny"。将佛教画像与我们熟知的电影人物相融合,着实有点后现代的意味。

在众多白色建筑群中间有一座金色的建筑,很多不明真相的游客会认为这个建筑是主殿,便直奔它而去,殊不知这仅仅是个洗手间。设计师的调皮可爱可见一斑。泰国的很多洗手间是非常

游客可以在"树叶"上写上祝福语

祝福树后面的金色建筑其实是个洗手间

白庙外的路障也颇具特色

讲究的,特别干净整洁。洗手间门前摆放着拖鞋,进门前需要换鞋。这里大概是世界上被拍照最多的洗手间了吧——几乎每个到过白庙的人都会在这里留影。

白庙既是艺术家的家,也是他们的工作室和得意之作,这个有着独特设计和恢宏气势的理想殿堂,被人们称为"世界上最纯洁的一方净土",深受游客的喜爱。

Wat Sii Dam

充满野性的艺术之家

黑庙

在距离白庙不远的地方有一个建筑群叫 Wat Sii Dam，因其建筑物都以黑色为主色调，也被人们称为黑庙。虽然叫黑庙，这里却不是一座供奉佛祖的庙宇，而是一座艺术家的黑屋博物馆。

黑庙是泰国的鬼才艺术家杜查尼的家，他是白庙设计师查霖猜的好友兼恩师。如果说白庙是艺术家查霖猜创造的圣洁天堂，那么黑庙便是艺术家杜查尼创造的神秘炼狱。

黑庙外观

室内陈列着各种动物的遗骨和标本

迦楼罗上的相片就是艺术家杜查尼本人

黑庙坐落在清莱的一片森林中,是一个庞大的泰式木质建筑群。个别建筑设计得非常有新意,形似巨鲸坐卧林间。房屋多以黑色和原木色结合而成,室内精心摆设着各种收藏品:有完整的大象、牦牛、山羊遗骨,风干的老虎、鳄鱼、毒蛇、蜥蜴的标本,大量的牛头骨和巨型海贝,以及祭祀用的木雕和嶙峋怪石、杀戮武器等有关生死轮回的物品。院落内还圈养着巨大的蟒蛇。整个主题以地狱和死亡为主。

人字形的房梁、原始部落的图腾、传统佛教主题的浮雕,都充满了浓浓的泰式味道,但这里所有的设计,更多的是泰式传统风格之外艺术家本人的艺术认知。

杜查尼善用对称形式布置含有宗教意味的器物。整个黑庙的空间呈现出压抑、神秘、宁静、古朴的氛围,山野趣味、原始部落的气息、动物的元素贯穿始终,强烈地吸引着游客。游客不时会发现其所给予的惊喜,让人不禁想要探究原始艺术充满野性又变幻莫测的恒久魅力。

人字形房梁带有浓厚的原始丛林气息

黑庙 Wat Sii Dam

- 9:00—12:00，13:00—17:00
- 免费
- 414 Moo 13 Nanglae, Muang, Chiang Rai, 57100 Thailand
- 从清莱中心汽车站有公交车前往，车比较破旧，每人大约20—40泰铢；也可以从清迈包车前往
- 庭院中心圈养着巨大的蟒蛇。

白庙 Wat Rong Khun

- 8:00—17:00（关闭后只能在外面看，不能进入大殿）
- 免费
- MueangChiang Rai，Pa O Don Chai，Mueang Chiang Rai District, 57000 Thailand
- 公车：在车站，到清迈的长途车每半小时一趟，中途可以在白庙下车，车费大约是30泰铢
  摩托车：1天300泰铢（押护照），自己加50泰铢的油可以跑100千米左右
- 寺内有许多查霖猜真人大小的纸板人像供游人合影。写许愿牌的环节不要错过，会留下很好的回忆。这里只能拍建筑物外观，寺庙里禁止拍照。

第二章

Singapore
花园城邦新加坡

落难王子的狮子城堡

发掘新加坡

新加坡毗邻马六甲海峡南口；南隔新加坡海峡与廖内群岛，有轮渡往来；北隔狭长的柔佛海峡，与马来西亚紧邻，并有两条长堤相通。

新加坡国土面积是692.7平方千米，海岸线总长二百余千米，全国由新加坡岛、圣约翰岛、龟屿、圣淘沙、姐妹岛等60个岛屿组成，其中乌敏岛、裕廊岛、德光岛是最大的三个外岛。

新加坡的历史可追溯至3世纪，当时已有土著居住在此。最早的文献记载源自东吴将领康泰所著的《吴时外国传》，据新加坡学者许云樵考证，文中提及的"蒲罗中"与马来语"Pulau Ujong"发音一致，是新加坡岛最古老的名称，意为"马来半岛末端的岛屿"。

14世纪，元代民间商人、航海家汪大渊所著的《岛夷志略》，两度提到南洋和西洋，以"龙牙门"称新加坡，即今日的岌巴港（Keppel Habour），位于新加坡南岸的海峡中。而《郑和航海图》中将新加坡译作"淡马锡"（Temasek）——爪哇语"海市"之意。由于季节的影响，海运的船舶经常云集在此，这里逐渐成为一个商埠，属于苏门答腊帝国斯里费瑟王朝的领土。

后有史书《马来纪年》，成书于1612年，记录了马来王朝的年表与谱系。1320年左右，传说苏门答腊王子Sang Nila Utama一次乘船外游，途中遇上大风浪，无计可施，情急之下将头顶上的皇冠丢进海中，乞求风浪止息。结果不久便风平浪静，船也漂浮到岸边。王子死里逃生，上岸后突然看见一只从未见过的怪兽向他致意后疾驰而去。这只怪兽红身、黑头、白胸，雄健敏捷，毛色发亮，甚为漂亮。王子认为这是一头狮子，觉得这里是吉祥之地，便决定在此建都，并取名"狮城"。Singapura 是梵语"狮城"之谐音。在梵语中，Singa 意即"狮子"，pora 意即"城堡"。

　　鱼尾狮像坐落于市内新加坡河畔，是新加坡的标志和象征。该塑像高 8 米，重 40 吨，是由雕刻家林南先生和他的两个孩子于 1972 年 5 月共同雕塑完成的。据说当时花费近 10 万新元，使用了 40 吨水泥。它体色洁白如玉，造型美轮美奂。原本从鱼尾狮口中可以向外喷水，水柱直落入海，景象非常壮观。

　　鱼尾狮像的狮头即代表那头狮子，鱼尾则象征了王子发现小岛前的古城淡马锡。这两种动物的结合便成了新加坡的象征，代表新加坡是由一个小渔村发展起来的。

新加坡开埠

　　14 世纪至 19 世纪，新加坡经历了三佛齐、满者伯夷、马六甲、柔佛王朝四个时期。直至 19 世纪初，一位神秘人士来到了这片土地，从此带来了翻天覆地的变化。

　　他就是莱佛士爵士。

　　莱佛士全称为托马斯·斯坦福·莱佛士爵士（Sir Thomas Stamford Bingley Raffles，1781—1826），是英国殖民时期重要的政治家。他对新加坡的开辟、建设、法制与规划做出了相当多的努力，立下了不朽的功绩，把新加坡从一个荒芜落后的小渔村建设成为全世界极为重要的国际港口之一。

　　1781 年 7 月 6 日，莱佛士诞生于加勒比海牙买加的一条海船上，他的父亲是一位船长，出身算不上好。14 岁时，他进入伦敦的英国东印度公司，担任书记工作。该公司是一家具有半官方性质的企业，负责英国在远东的殖民活动。莱佛士心思敏捷，工作勤勉，认真负责，通过自学掌握了许多知识。24 岁时，他被公司派往马来西亚担当助理秘书一职，从此开启了他与东南亚的情谊。

　　当时的英国对于扩张其东南亚殖民地版图的热情无比高涨。马六甲从荷兰人手中转交给英国管辖后，莱佛士为了熟悉各个殖民地的人文风情，努力学习马来语，勤于和马来人接触，探知当地风貌，对殖民地各个族群的思维和个性都了如指掌。后来，莱佛士逐渐成为名副其实的"海峡通"，深受当地马来人的尊敬。

　　1815 年，作为交换苏门答腊的条件，英国将爪哇归还给荷兰，莱佛士返回英国，被委任为伦敦动物学会的首任主席，并于 1817 年册封为爵士。1818 年他又再度来到了苏门

答腊,并于 1819 年 2 月 29 日在马来亚半岛南端的一个岛上建立了一个自由贸易港,即今日的新加坡。后来,莱佛士成了新加坡的总督,一直任职到 1823 年。

新加坡在 1824 年沦为英国殖民地,成为英国在远东的转口贸易商埠和在东南亚的主要军事基地;1942 年至 1963 年间,经历了被日军占领、逐步迈向自治与合并之后,于 1965 年 8 月 9 日脱离马来西亚,正式独立为新加坡共和国。

到 19 世纪 50 年代,在这个岛上有华人、印度人、马来人、欧洲人、亚美尼亚人、犹太人、阿拉伯人、爪哇人、巴厘人、班图人、帕西人、暹罗人、波安人、吉布斯人、交趾支那人,以及为数众多的介于上述种族之间的混血人。新加坡已经成为具有相当规模的多元民族的移民社会。促进种族之间的和谐是政府治国的核心政策,除了拥有佛教、道教、伊斯兰教、基督教、印度教、耆那教、锡克教等各大教派外,还拥有最古老的犹太教、拜火教,以及最年轻的天理教、亥教。华人新创的儒、佛、道三教合一和儒教、道教、佛教、基督教、伊斯兰教五教合一的宗教等也在新加坡繁荣发展。宗教如此错综复杂,却没有像东南亚其他国家那样时常出现宗教冲突,可见宽容与和谐是这个国家宗教关系的特征,他们互相尊重、和睦相处。除了种族和谐,新加坡还以稳定的政局、廉洁高效的政府而著称,是全球最国际化的国家之一。

自殖民地时代以来,新加坡的视觉艺术就开始发生翻天覆地的变化,发展迅速。从欧洲著名的画家到默默无闻的本土匠人,他们的作品开始崭露头角,随着 1938 年南洋美术学院的建立,教授们以东西结合为立意点,将观念艺术与东方技法糅合为一,开拓了油画史上的新领域,树立起了南洋风格。这为新加坡的艺术发展引领了新方向,文艺机构和优秀作品遍地生花,展现了一片生机盎然的艺术繁荣景象。

Little India
用鼻子寻找最古老的街道
小印度

1818 年末，印度总督哈斯丁勋爵（Lord Hastings，1754—1826）决定授权明古连总督斯坦福·莱佛士爵士在马来半岛的南端建立一个新的商业贸易港。

当时的新加坡一片荒凉，是一个面积只有几百平方千米的岛屿，位于马来半岛的最南端，岛上有大约 150 个居民，主要是渔民、海盗等。但新加坡地理位置优良，是马六甲海峡的瓶颈，该海峡是欧、亚、非和大洋洲之间的重要通道。对于拓展东方贸易心切的莱佛士爵士来说，没有比这更优良的天然港口了。

1819 年 1 月 29 日，莱佛士爵士在考察了附近岛屿后登陆新加坡，当时随行的有 200 多名印度军务和文职人员，他们是第一批到达新加坡的印度移民，他们大多居住在珠烈街附近，这里是最早的印度居民区。由于这里的海面很少受到风暴的影响，临近的溪涧也有可靠和充裕的水源，其得天独厚的地理优势使得港口贸易日益发达。从 19 世纪初到 20 世纪初的一百年间，新加坡便从沼泽遍布的荒地一跃成为全世界第七大港口，吸引了大批的外国移民来到这里。

这一时期移居新加坡的印度人主要经营纺织品生意和零售其他商品，也有一些人充当信贷商和文职人员，但大多数人在码头当苦力。后来随着梧槽河附近的肥沃土地被开发为养牛场和赛马场，印度居民陆续迁来这一带。他们多是虔诚的印度教徒，百余年来一直固守自己的文化传统，凡是在他们居住的地方，都会集资修建印度教神庙，作为日常朝拜神灵和节日集会的神圣场所。今天以实笼岗路（Sweangoon Road）为大动脉的小印度区域，就是从此时开始慢慢成形的。作为新加坡本岛南部一个充满民族色彩的社区，这里犹如印度的缩影。

实笼岗路最早于 1828 年出现在地图上，是贯穿新加坡本岛最古老的一条大马路，它连接起了实笼岗河、梧槽河与加冷河，是南上北下的必经之路。

"实笼岗"这个路名的由来有一个小故事。最早，此处还是一片茂密阴冷的森林，经常有毒蛇、猛兽穿梭出没。人们走过这条马路时都会携带锣鼓，边走边敲，用以壮胆和驱赶野兽。敲锣鼓行走在马来语里叫"diserang dengangong"，久而久之，人们将其合并念成了今天的"Serangoon"。时光如梭，如今实笼

小印度的日常街景及幕达发印度商场里售卖的印度民族服饰

夜幕下的小印度

岗路已经是市区的重要街道之一，清早六七点开始就热闹了，傍晚时分更是车水马龙。路两旁的商铺以金饰店、纱丽店、美食餐厅为主。两边的支路，如甘贝尔巷、加富路、巴佛罗路、佳宝路等，则五花八门，无所不包，五金店、美发店、书店、电器行等一应俱全，俨然是个自给自足的小市镇，一切都显得生机盎然。

如果想充分游玩小印度，最好从最南端的小印度文化中心开启旅程。这里的商店装修很精细，贩卖印度古董、玩具、糖果、美食，富有特色且价格实惠。一路向北，步行两分钟，色彩缤纷的维拉玛卡里亚曼兴都庙的南印度风情绝不能错过，运气好的话，还能看到当地人在这里举行婚礼的场景呢。

也可以让鼻子带路，随着绵延满街的印度香料的味道游走。印度香料店是最早在小印度设立的商店之一，售卖各式各样的咖喱香料。在没有冰箱的年代，香料是用来保存食物的最好的防腐剂，且适宜烹调鲜鱼、肥肉和各式蔬菜，携带方便，是送礼佳品。小印度贩卖的香料大多是每个香料店根据家传秘方配制而成的，有兴趣寻芳的读者可以前往加富路，那里能看见香料配制的全套过程，还可以根据个人喜好定制专属香料。

小印度的金饰店非常著名，大部分都延续了传统的经营方式。琳琅满目的避邪装饰、新娘饰物、手环、脚链，等等，让人眼花缭乱。这些金饰店除了售卖饰物，有些还包办铸造和冶炼金器，做工精细，品质上乘，这也是外国游客来小印度购买金饰的原因之一。

距离小印度地铁站很近的竹脚中心（Tekka

街上有不少民众自发筹资兴建的印度神庙和"天官赐福"佛龛

Centre）内有众多出售印度、马来西亚和中国食品的摊位。竹脚中心还有一个专门出售新鲜蔬菜、肉、鱼、香料和鲜花的湿货市场，也可以采购到诸如黄铜油灯和壶罐这样的纪念品，或购买到新鲜的茉莉花花环——其香味是小印度区的标志性味道。

走在小印度的大街小巷，总可以看见黄色、红色的花环，这些花环是用茉莉花和金盏花编成的。路上随处可见印度女子婀娜多姿的身影，眉心的一点朱砂，随风轻扬的鲜艳纱丽，飘逸的孔雀羽毛装饰，浓郁的茉莉花香，再加上各色香料熏浸眼耳口鼻，梵音轻传，香烟缭绕，令人恍若置身印度。

在达尔豪西巷（Dalhousie Lane）有一家信誉很好的艺术庆典陈列室，经营者从印度各省市引进了各式精致的艺术品和家具。在这里，木雕、黄铜和大理石等材质的家具集结于同一屋檐下，另外还有绘画、家居用品、装饰品、精致刺绣的服饰、披肩、王公绣鞋，等等。

小贩和商家则在甘贝尔巷搭起来的帐篷内售卖节庆用品、装饰物、服装、铜器、银器等。走入甘贝尔巷，就如踏进了印度村。如果你想买一双印度凉鞋、一份最新的印度报纸，或一本印度电影快讯、一张印度神祇肖像，来这里准没错。另外可以留意出售印度阿育吠陀精油、黄金、熏香和各种质地的织物的摊位，一定会淘到精品。

没有到慕达发中心（Mustafa Centre）进行通宵的疯狂购物，小印度之行是不完整的！慕达发中心是位于小印度的一家24小时营业的商场。周边非常繁华，但不要被购物中心不起眼的外表

屠妖节期间，小印度街上张灯结彩，热闹非凡

所欺骗，因为这个巨大的购物中心就是一个名副其实的大仓库，在这里只有想不到，没有买不到的。衣食住行、吃喝玩乐所有必需品基本上都能在此寻觅到，和新加坡的其他商场相比，这里的性价比可以打满分。

在小印度，早晨8点到8点半是餐厅最忙碌的时候。形形色色的人前来吃早茶，有的点一杯印度拉茶加炒蛋三明治，有的钟爱炒粿条配柠檬水，店铺前时不时有鸽子信步而行，和人们一起享受这份悠闲自在。这里不论是两三层楼的矮店屋，还是有百年历史的教堂庙宇，都是弥足珍贵的文化遗产。融入其中，便可融入最真实的新加坡生活。

每年10月末、11月初，随意步入一家印度教庙宇，都会看到许多人席地而坐，在制作敬佛用的香蜡。人们把五种粮食包进黑布，捆好后放进一个个小瓷盏里，用以祈求吉祥。屠妖节时最热闹，每到此时小印度就沉浸在灯火的海洋之中，节庆气氛非常浓郁，整个地区挂满灯饰、花环和其他节庆装饰物，很多路段都张灯结彩，道路两旁还有节日特有的食品出售，迎接购物、过节的人群。

Sri Veeramakaliamman Temple

在黑暗女神殿举行印度婚礼

维拉玛卡里雅曼兴都庙

公元前2世纪至公元1世纪，印度的婆罗门，有的乘船走海路，从印度的东海岸出发，经过马六甲海峡到达马来半岛和印度尼西亚；有的步行走陆路，从印度的阿萨姆进入缅甸，再由缅甸进入湄公河流域，慢慢地把印度教文化带到东南亚地区。

历经两千年的传播与发展，随着印度教教徒人数的增加，印度教在东南亚地区的文化发展史中占据着越来越重要的地位，印度文化也影响了整个东南亚的神庙建筑风格。

早先，印度教建筑在印度形成了五种艺术风格——吴哥式、占婆式、爪哇式、巴厘岛式和泰米尔式。当这些宗教建筑艺术传播到东南亚地区以后，与当地自然环境和文化传统碰撞，幻化出不同的艺术形式，展现出异彩纷呈的艺术魅力。印度宗教建筑的基本主题都强调对"中心"的表现。它意味着每一座寺庙或者宫殿都是一个神圣的中心，都具有其自身价值与象征意义。所以东南亚的大部分印度教神庙并不强调实用性，只强调其外在形体和整体空间的构造。从设计观念方面来看，东南亚的印度教神庙更注重外部装饰观感的震撼效果，采用大量浮雕或雕刻的手法，将经典教义外化，以环境教化信众。

本文的主角——位于小印度的维拉玛卡里雅曼兴都庙，就是其中浓墨重彩的一景。

维拉玛卡里雅曼兴都庙是东南亚最常见的泰米尔式印度教神庙。这座神庙的建造者主要是来自南印度的泰米尔移民。英国人在殖民统治新加坡期间，为了开拓新殖民地，从南印度运了大批泰米尔人到殖民地充当劳工，开辟种植园，从事城市建造、市容卫生等繁重的体力劳动，久而久之形成了一个新的泰米尔人群体。

维拉玛卡里雅曼兴都庙建于1855年，庙里供奉着湿婆天神之妻——主掌生死的迦莉女神（Kali）。迦莉女神的字面意思是"黑色的"，也可解释为时间，因此中文还译为"时母"。梵文中Kala意为时间和死亡，Kali是其阴性词，时母也含有超越了时间和死亡，象征着强大和新生的意义。

印度教喜欢把神明供奉在房顶上，所以神庙主殿的屋顶外部装饰着层层叠叠的雕像，明艳繁复的彩绘门楼属于典型的南印度建筑风格，高大的门塔（gopuram）则是泰米尔风格。印度教有浓厚的神话色彩，庙宇中的神像都与印度教神话有关，配色大胆，明艳丰富，有的手持莲花、刀戟、光环等圣器，有的三头六臂，或躺或坐，并

维拉玛卡里雅曼兴都庙门前有两只神态可掬的石狮子，地址石碑上刻有印度语和英语说明

常以狮子、乌龟等动物为坐骑，即便不懂教义，只欣赏这些雕像及壁画也能领略到独特的艺术价值。维拉玛卡里雅曼兴都庙大门高耸的塔楼上五彩缤纷的神像、圣牛及战士以各式生动的形态呈现，营造出一种天界诸神俯视凡间的氛围。

而庙宇中的迦莉女神是印度神话中最黑暗、最暴虐的黑色地母，是主掌战乱和杀戮的女神。迦莉女神是世界被恶魔统治之时，诸神为了造福世间而化现出来的愤怒形象。相传湿婆之妻杜尔嘎女神和极凶残的恶魔作战之时，生出迦莉女神，凭借迦莉女神的力量，诸神将恶魔全部歼灭。迦莉女神是印度人心中最具有威力的神，虽然她化现为恐怖的形象，内心却充满慈悲，是视众生为子的宇宙母亲。

维拉玛卡里雅曼兴都庙是印度教徒活动的中心，每周二和周五，来自新加坡其他地方的印度人都会聚集在神庙附近举行活动，这两天被印度教徒视为神圣的日子。而对于早期印度移民来说，维拉玛卡里雅曼兴都庙给他们带来了一种在异乡的安全感。1942年第二次世界大战战火烧到新加坡时，这座神庙还成了信徒们的避难所，让他们躲过了日军的空袭。

每年还有两个重大节日在维拉玛卡里雅曼兴都庙展开隆重的仪式和庆典活动。一个是大宝森节（Thaipusam），也叫作屠妖节或万灯节，是庆祝光明战胜黑暗、正义击败邪恶的节日。10月末11月初，新月降临，亮灯仪式标志着庆祝活动的开始。节日期间，小印度的大街小巷、大小庙宇都会升起幡带、点亮灯火，举行壮观的灯火展出，印度教徒们会起得特别早，在天亮前

人们自觉地换上拖鞋,进入殿内

神庙上的雕塑

第二章 花园城邦新加坡
/落难王子的狮子城堡

印度女神塑像上的花环代表了供奉者的敬意

人们自己制作的敬神香烛

进行膏油浴仪式,以示洗净身心。男士穿吉帕(Jippa,印度男子传统服饰),妇女则会穿上颜色鲜艳的丝绸纱丽先去寺庙祈祷。在东南亚的传统中,只有受过宗教训练的婆罗门才可以在神庙的主殿举行宗教仪式。大部分信众会在神殿大厅中参加宗教活动。仪式后大家走亲访友,家家户户会把家里打扫得窗明几净,在房屋周围点上美丽的灯火,烹煮香浓四溢的佳肴迎接守护神和幸运女神前来祝福。同时他们还会举行盛大的庆典,还会有供奉着神明雕像的花车绕街游行庆祝。

二是踏火节。印度教的修行者每年都会举行一次盛大的踏火节典礼。踏火节典礼通常在大宝森节前十天左右举行,用以表达对马里安曼司雨女神的敬意,同时也为了纪念一位叫德劳巴迪的女英雄。传说德劳巴迪在一场战争中被敌人俘虏,她踏过火坑却未受到任何伤害。

维拉玛卡里雅曼兴都庙还是神圣的印度婚礼的举行场所。传统的印度婚礼一般从点燃圣火开始,婚礼仪式有繁有简,但是牵手仪式、戴圣线仪式和绕走圣火仪式是必不可少的。

牵手仪式上,新娘的父亲把女儿的手放在新郎的手上,表示他已把女儿交给了新郎,这一点借鉴了西方文化。然后祭司开始诵经,并把男方的衣服和女方的纱丽绑在一起,象征他们的结合。

素食店老板带着新鲜出炉的莲花糕来到这里敬奉天神

神庙内,印度少年正在制作五谷福袋

在神庙内举行的传统印度婚礼

接下来是戴圣线仪式,祭司把他带来的一条金黄色的绳子递给新郎,新郎将其环绕在新娘的手腕上,这就标志着新娘已经出嫁,而圣线将终生陪伴出嫁的妇女。

然后新人互献花环,并为对方戴上戒指。按传统习俗,印度新娘会在结婚当日收到脚趾环,而非戴在手上的戒指。在印度,脚趾环代表忠贞不贰。

根据印度教传统,整场婚礼从头到尾都要由火神(Agni)见证,没有请火神到场的婚礼就不算是印度教婚礼,所以绕走圣火仪式非常重要。新人首先要面对面坐在燃烧的火盆旁边,祈祷火神赐予自己未来的婚姻生活以无限能量。其次,还要在祭司的祈祷声中往火盆中投掷香木段、糖、大米、燕麦、豆子、酥油和树叶等物品,以示崇敬,同时祈愿婚后幸福健康。祈祷结束后,新娘跟随新郎围着火盆顺时针绕七圈,每绕一圈,祭司都向火神祈祷。最后,双方的亲友在两位新人的额头上点上红点,并向他们抛撒大米,祝愿他们的生活幸福美满。

Sultan Mosque

进寺前，请洗澡
苏丹清真寺

1818年，英国人斯坦福·莱佛士抵达新加坡，并欲与岛主天猛公阿卜杜勒·拉赫曼签订协定，在当地建立殖民据点。

虽然岛主天猛公是实际的统治者，但此地仍是柔佛·廖内·龙牙马来苏丹国的一部分。天猛公在前一年已经和荷兰人签订了条约，他的王国其实已经处于荷兰的统治之下。根据廖内苏丹和荷兰之间的条约，天猛公无权代表苏丹与外国定约。

被苏丹统治的地方，一般都对外号称拥有独立主权或完全主权，无论是王朝还是国家都可以被指为"苏丹国"。柔佛苏丹王朝，是由马六甲王朝的苏丹阿拉乌丁二世于1528年成立的。当时的柔佛王朝控制了柔佛、廖内与苏门答腊的一部分，领土包含新加坡。

当时莱佛士知道柔佛内部对于新升任的苏丹的合法性有很大分歧后，立即想方设法帮助被流放的长子东古侯赛因偷渡回新加坡。阿卜杜勒·拉赫曼只是前一位苏丹的小儿子，而长子因为当时父王去世时没有及时赶到身旁而被宣告排挤流放。于是，1819年2月6日，莱佛士宣布只有东古侯赛因才是大英帝国承认的柔佛苏丹，接着签署了一份新的正式条约，授权英国在新加坡合法地设立工厂，租借新加坡给英国为商港，新加坡就此成为英国殖民地。

东古侯赛因苏丹就在甘榜格南区（Kampong Glam）落脚，开始建造宫殿作为住所。1824年，为彰显苏丹国王功绩，莱佛士爵士拨款在他的宫殿旁边建造了一座清真寺，它就是新加坡最大的清真寺——苏丹清真寺（Sultan Mosque），又叫旧王宫总统府。

苏丹清真寺是新加坡最壮观的伊斯兰教堂，由著名爱尔兰设计师丹尼斯·桑特里（Denis Santry）设计建造，主要采用印度-撒拉逊建筑风格（Indo-Saracenic Style，指印度建筑与伊斯兰艺术相互影响交融的新式风格），有壮观的金色圆顶和巨大的祈祷殿。整体建筑呈浅卡其色，外墙用粉橘色、暗黑、浅黄色的线条装饰。苏丹清真寺的外形最能够体现东南亚文化特色的就是屋顶和讲坛了。苏丹清真寺的顶楼四周环绕着黑桃心形状的装饰，并且有两座金色洋葱型的大圆顶。此外，有四个对称的宣礼塔，以及许多小亭和小塔。仔细观察穹顶底座，其周边围着一圈由信徒献上的玻璃瓶底，它们在阳光下散发着耀眼

苏丹清真寺的大门

清真寺带有浓厚的印度—撒拉逊建筑风格特色

清真寺内的星月标志

的光芒，为这里增添了更多神圣的气息。

在伊斯兰教传入东南亚地区之前，佛教、印度教和本土宗教是当地居民的主要信仰。伊斯兰教传播到东南亚后迅速与当地传统文化融合，创造出了特色鲜明的东南亚伊斯兰教艺术。穆斯林在各地修建了大批清真寺，并结合当地的建筑艺术，从而使结构严谨、雄伟壮丽和带有本地装饰艺术特色的清真寺建筑群相继出现。清真寺是穆斯林举行礼拜活动的中心场所，作为公共活动中心，它既是穆斯林纪念和庆祝各种节日、举行各种文化社交活动以及求福避祸、济贫助穷的场所，又是医疗服务、集市贸易所在地。在伊斯兰国家，它还是国家政治和财务生活的重地，是处理教俗纠纷的法院和军事活动的舞台。

每年伊斯兰教先知穆罕默德诞辰日人们都会在苏丹清真寺举行庆祝活动，来自各地的穆斯林聚集在干达哈街上，像嘉年华般热闹。这里可以同时容纳5000多人一起祈祷。进入清真寺，男性上衣必须有领有袖，必须穿长裤；女性上衣必须有领，袖长及腕，裤长及脚踝。不过不用担心因着装不合适而错过参观，寺外入口处备有外袍，供访客借用。

寺外院内有一间用淡蓝色瓷砖砌成的洗漱台，教徒们脱下鞋子整齐地摆放好，全身沐浴后才能进入礼拜堂。礼拜堂是供信徒祷告的地方，男子在一层大厅，女子在二层大厅。这里的教徒对待异教徒也非常友善，但一般游客不能进入大厅。寺内非常大，铺着精致漂亮的地毯，许多教徒正在祷告。诵经声在巨大高阔的大殿里回荡，即使看不懂听不懂，空灵、静谧、肃穆、神圣的

在街上聊天的伊斯兰姑娘

清真寺的金顶在阳光下熠熠生辉

清真寺门口用四种文字书写的指路牌

感觉也会如同初阳的光芒一样笼罩全身，也会让你有踏实的安全感。

当年斯坦福·莱佛士爵士建立新加坡时，根据居住人口的种族将城市分为不同的地区。苏丹清真寺和阿拉伯街所在的甘榜格南地区是他安置马来人和其他穆斯林的地方。苏丹清真寺周边有许多可以购买到阿拉伯风味商品的商家，售卖各种传统物品，如衣服、手工艺品、家具和首饰等。附近的巴棱拉街的小店里也出售各种货物，包括传统服装和手工艺品、竹编器具、刺绣品、蜡染布、朝圣用品、天然香油和香水等，都具有浓厚的伊斯兰风情，手工制作，价格便宜。这里是新加坡历史最悠久的穆斯林聚居地，民居最近修缮过，大都色彩缤纷，玲珑有致，但是依然能感觉到当年的风貌。周边有很多美食店，店主友善而热情。很多街道是以中东地名命名的，步行区街道还有一排很有热带风情的棕榈树。

20世纪初，这里成为伊斯兰商业、文化和艺术中心。苏丹清真寺作为伊斯兰文化的缩影，是一种艺术创造，是一定时期社会政治、经济、文化的真实反映。它在新加坡宗教建筑史上有闪耀的成就，是了解当地人生活风情极佳的场所，其深厚的文化内涵，值得深入研究和探讨。

St. Andrew's Cathedral

耶稣说："你们来，同我暗暗地到旷野地方去歇一歇。"

圣安德烈教堂

自从1819年总督斯坦福·莱佛士爵士来到新加坡，狮城便迈开了近代化的步伐，大量的外来移民像潮水一样涌入，各种宗教文化也在此落地开花。

圣安德烈教堂是新加坡最著名、最大的圣公会教堂，也是最珍贵的建筑作品之一。据说早在1823年，莱佛士就选定了现址作为建设教堂的保留地。教堂在1834年举行了奠基仪式，三年之后落成并启用。建造教堂的初衷是为了照顾来自英国的侨民，给他们一个做礼拜的圣殿，后来渐渐转变为向民众传播福音。

圣安德烈教堂在建成后不久，遭受了两次雷击，因受损曾关闭了四年。现存的圣安德烈教堂由隆纳德·麦克佛逊上校（Colonel Ronald MacPherson，1817—1869）设计重建，于1862年建成，具有浓厚的新哥特式建筑风格。它像一位伟岸而圣洁的神之使者，矗立在喧嚣的市中心，高高的尖顶直冲云霄，让游览者心生敬畏。

提及圣安德烈教堂的新哥特式建筑风格，不得不先简单介绍一下什么是哥特式建筑风格。Gothic源于德语Gotik，词源是Gott，意思是"上

圣安德烈教堂坐落于一大块草坪上，周围像一个环境优雅的小公园

具有新哥特式风格的圣安德烈教堂

帝",因此哥特式也可以理解为"接近上帝"。它起源于11世纪下半叶的法国,13—15世纪风靡欧洲,主要运用于天主教堂的设计和修建,也影响到一部分世俗建筑。哥特式建筑的总体风格特点是空灵、纤瘦、高耸、尖峭,通常有高耸入云的尖屋顶、飞扶壁结构、巨大斑斓的玻璃玫瑰花窗、大理石雕像等经典设计,展示了创造者无穷的想象力和创造力,体现了其作为"上帝之屋"的宗教精神实质,实现了中世纪基督教哲学与艺术创作的完美结合。

而圣安德烈教堂的新哥特建筑风格就是指哥特复兴式建筑。设计者运用了哥特式建筑的表现手法,例如尖塔、尖拱券等,但其内部的结构、功能全是现代的,是"内现外古""融汇古今"

的优秀创作。

圣安德烈教堂坐东向西,位于一片绿荫之中。圣安德烈教堂洁白亮丽的外墙带给人强烈的视觉冲击,其原因是修筑它时使用了一种特别的建筑材料——石膏。据说参与兴建工程的人员中有擅长特殊建筑技术的印度籍囚犯,他们大量运用殖民时代印度人广为采用的方法——将贝壳石灰加上蛋白、糖调和成糊状,再掺入水和浸泡柔软的椰子壳,制成实用的石膏。采用了此类建筑材料的建筑物在干燥之后不易出现裂痕,同时散发着一层湿润的光泽,如同一位纯洁的少女。

走进教堂的正门,只觉得眼前豁然一亮,十分宽敞。宣传资料上说大堂长55米,宽16米,挑高22米,身临其境,果然有种高大、开阔、

教堂新圣殿内有许多功能厅,为游客提供了很多便利

教堂外的广场是人们休闲的好去处,还能同池里的鲤鱼"悠游"一番

肃穆的感觉,进入它怀抱的每一个人,都会感到自己的渺小。

一进门便能看到洗礼盆,从洗礼盆到最远处的圣桌和彩色玻璃落地窗之间,有深蓝色的地毯将大厅分割成对称的两部分,两边摆放着整齐的深棕色木质桌椅。桌椅陈旧而整洁,抽屉里放满了各种翻译版本的《圣经》和印着赞美诗的小册子。桌子下方的地板上,通常会放一个小软垫,供人们跪拜时用,软垫上装饰着不同的宗教图案。

再往前走便到了教堂的核心——位于中央的圣坛。圣坛右侧一座洁白的立柱旁,有一张制作于1889年的木质讲台,古老而朴实,木阶梯狭窄而精巧。在讲台的后墙上有一个十字架,名叫"考云地利十字架"。十字架代表神之爱,他差遣儿子耶稣基督为世人的罪而死,提醒人们,所有基督教的教义都是建立在基督的死与复活的基础上的。

圣坛的左侧是木质的主教座,主教座的旁边有一张金色的讲台,讲台上放置着一座有雄鹰展翅装饰的地球仪,在鹰的脑袋后面有书架和一盏小电灯。据说,这些装饰象征着神的话语应当传遍全世界。

圣坛的中央还摆着一张长方形圣桌,在举行圣餐礼的时候会在这张圣桌上摆放面饼和葡萄酒。圣桌后面的区域被称为"降生堂"。这里用作小型的聚会,它以东窗圣坛后面用石膏与马赛克砖制成的屏风而命名。此屏风上绘有牧人敬拜刚降生的基督图案,屏风为纪念霍斯主教的妻子而立,是建筑师雷金纳德·布洛姆菲尔德爵士(Sir Reginald Theodore Blomfield,1856—

第二章 花园城邦新加坡
/落难王子的狮子城堡

每逢周末，教堂外的草坪就会坐满谈天说地的人

1942）所设计的，于 1905 年在意大利制作完成。

屏风后面，三扇彩色玻璃窗将整个教堂的精美和华丽推向最高峰。此玻璃窗的特色在于"彩"和"绘"，"彩"为缤纷的颜色，"绘"即《圣经》里的故事。教堂里的玻璃窗基本以红、蓝二色为主，蓝色象征理想的天国，红色象征基督的鲜血。彩绘玻璃窗不仅避免了罗马式建筑因采光不足而带给人的沉闷压抑的感觉，还通过描绘《圣经》里的故事表达了人们对天国的向往，同时起到了向民众宣传教义的作用。

乍看之下，这三面彩窗没什么不同，但事实上，它们之间还是存在小小差异：正中间的彩绘玻璃是 1861 年为纪念开拓新加坡的莱佛士爵士而立；左面的窗则为了纪念 1823—1826 年新加坡的一位驻扎官约翰·克劳福爵士（Sir John Crawfurd，1783—1868）；而右面的窗，是为了纪念 1843—1855 年时海峡殖民地的总督威廉·约翰·巴特沃斯上校（Colonel Major-General William John Butterworth，1801—1856），三片彩绘玻璃上的花纹中，都有他们的纹章盾徽。

透过每一小块细碎又艳丽的彩色玻璃，阳光仿佛也被赋予了圣洁和美好，它们像宝石的光彩一样漫射在地板上，像圣灵借助圣母的身体照亮教堂。据说，基督教徒认为彩色玻璃上的场景是他们一直寻找的上帝居所的景象，是把天堂搬到可以看见、可以触摸的现实中来了。这是光的洗礼，能使人们忘却现实的苦难，抵达神圣的境界。光对于宗教真是有着不可思议的影响。

2003 年，圣安德烈教堂开始了灵修楼建筑计划，从教堂主体延伸，增建了一栋新楼。新楼的设计采用了现代式的建筑风格，使新旧相呼应，浑然一体。

新楼于 2005 年落成，命名为"教堂新圣殿"。教堂新圣殿分为地面层和两个地下层，包含了一个可容纳 880 人的地下层礼拜大厅，以及祷告厅、小礼拜堂、访客中心、庭院兼露天剧场。访客中心以一个有盖走道与教堂以及政府大厦地铁站相连接。通过这次扩建，圣安德烈教堂为市中心的人们提供了一个安歇心灵的处所。

教堂内还有一个游客中心，每天下午两点半的时候会有一场免费讲解。游览中心里面陈列了大量的古董、绘画并会播放一部关于教堂历史的录像。导览与解说材料也十分丰富，游客可以按图索骥，来一场欢喜而充实的旅程。同时教堂内还提供导游服务。

走出教堂，便可以看到旁边的莲花鱼池，池中欢快吮着青苔的鱼儿，绯红、银白、花鳞，各种花纹的小鱼胖乎乎的，充满了动态美。白色建筑被绿意环绕，清风浮动，浪漫静谧。教堂细心地供应饮水，入口冰凉爽口，沁人心脾，让人回味。

圣安德烈座堂周围，有许多大面积的草坪，萋萋芳草四周围着铁栏杆，形成方形院落。许多年轻人坐在草坪上畅谈，绿树将他们与繁华喧嚣的马路、车站、商场隔离开来。在一面围栏上挂着白底黑字的巨大横幅，上面是《马可福音》中的一句经文："耶稣说：'你们来，同我暗暗地到旷野地方去歇一歇。'"

新加坡国家博物馆的建筑外观带有浓厚的新古典主义色彩

National Museum of Singapore

博物馆是学校教育的第二课堂

新加坡国家博物馆

新加坡国家博物馆坐落于城市中心地带，建立于1887年，已有近130年的历史了。这座新加坡最大、最古老的博物馆，体现了最年轻、最具创造力的精神。

新加坡国家博物馆是一座具有浓厚的新古典主义建筑风格的大楼，它以无与伦比的建筑外观成为博物馆中的佼佼者。1882年，建筑师亨利·麦卡勒姆（Colonel Sir Henry Edward McCallum，1852—1919）递交了建筑设计图，古典风格的圆形穹顶和新帕拉底奥风格的外观是其中的亮点，如今依旧为人们所称赞。

博物馆的圆形穹顶由50片长约2.75米的彩绘玻璃构成，非常华丽。2004年博物馆修复期间，这些彩绘玻璃全部被拆下，由本地一位彩绘玻璃专家运往工作室进行检验和评估，以纯手工方式逐件修复。

入口处上方的圆形穹顶颇为壮观。

第二章　花园城邦新加坡
/ 落难王子的狮子城堡

"新加坡百年历史展"的入口

新加坡画廊内陈列的图片，展现了城市的变迁

圆形穹顶旁边的玻璃通道（Glass Passage）也是一大特色。这条玻璃通道距地面11米，是世界上最大的室外自承重玻璃结构。全无遮挡的设计将新旧两馆连接起来。从远处望去，玻璃通道的外观十分现代和简约。玻璃通道的建造过程困难重重。由于对于自承重有很高的要求，且在设计上要融入新帕拉底奥建筑风格，在四位工程师的合作下，玻璃通道的设计与施工用时仍超过一年。

新加坡国家博物馆面积超过18000平方米，拥有世界级的现代化导览设施。1849年初步建立时，它还只是新加坡书院的一部分。为了能够收藏更多的有关新加坡历史的珍藏艺术品，新加坡国家博物馆历经了五次扩建。扩建后的展馆通过一个历史展馆和四个生活展馆，搭配多媒体等新科技，以生动新颖的方式再现了新加坡的历史。

新加坡历史馆使用电子音频、视频介绍展品。观看完视频后，游客可以自由选择是按时间顺序还是按人物线索来参观。视频既有历史学家、亲历历史的人以及展品使用者的讲述，也有宣传新加坡历史的老电影。

生活展馆包括新加坡传统美食、时尚、摄影和电影文化生活馆，呈现了20世纪以来新加坡民众丰富多彩的生活。

每一个国家博物馆都有镇馆之宝。新加坡国家博物馆里有11件国宝，其中比较有意思的

新加坡国家博物馆每周都有幼儿早教活动，其活动区域成了博物馆内最热闹的地点之一

第二章 花园城邦新加坡
/落难王子的狮子城堡

有不少学生在老师的带领下参观博物馆

每一层都有详细的指示牌

是一块新加坡古石。这是一块原本立于新加坡河河口的砂岩石板,约3米×3米大小,刻有铭文。而这段铭文至今未能被破译,研究学者对铭文的日期和文字有不同说法,据称最早可以追溯到13世纪。这是在新加坡发现的最早的铭文,因此这块古石是岛国前殖民地时期历史的重要遗迹。令人惋惜的是,在19世纪,古石曾被爆破,是有意还是无意已不得而知,目前陈列于馆内的是被爆破后的残片。

在游览中,有两个馆会给人留下比较深刻的印象,分别是新加坡历史画廊和PLAY@NMS。

新加坡历史画廊全面地记录了新加坡历史,基本上以个人为对象,通过罗列相片的展示方式,讲述了个人作为个体在集体道路中前进的故事。

PLAY@NMS是新加坡国家博物馆第一个专门供幼儿早教的区域。该区域内放置了许多可互动的展品,鼓励孩子通过玩耍达到学习目的。所有的展品都是在馆藏品的基础上发展而来的,通过精心的设计,在互动的过程中激发孩子的灵感,开发他们的好奇心和创造力,从而使他们养成自己的个性。

除此之外,还有不少学生在老师的带领下参观博物馆。新加坡早已步入发达国家行列,当地政府把博物馆看作学校教育的第二课堂。很多老师把学生们带到博物馆这种开放式的环境中授课,让他们与历史文物直接面对面,接受艺术文化的熏陶。作为信息和交流的中心,博物馆与图书馆一样,想必是很多人理想的终身校园吧。

新加坡国家博物馆内部非常宽敞，展示台周围备有桌椅，方便游人随时阅读、书写

Singapore Art Museum

屋内下雨

新加坡美术馆

新加坡美术馆成立于 1996 年,现位于勿拉士巴沙路(Bras Basah Road),在新加坡国家博物馆的对面。新加坡美术馆的前身是有上百年沧桑历史的旧天主教学校圣约瑟书院。这组保留完整的古希腊修道院式建筑已有 140 多年的历史,在新加坡十分罕见。

美术馆的中央建筑有两个令人印象深刻的特征:一是成为勿拉士巴沙路象征的"三公仔"银

新加坡美术馆和新加坡国家博物馆只有一街之隔

墙上融化的"巧克力酱"其实是一幅作品,名为《雨滴》

第二章 花园城邦新加坡
/ 落难王子的狮子城堡

电子动态影像作品

参观者可以将照片中的玩偶自行 DIY 出来

色塑像，中间的塑像就是基督教会学校修士学院的发起人圣·约翰；二是它银色的圆形顶楼，顶端镶嵌的十字架十分古朴庄严。

作为新加坡四大国立博物馆之一，新加坡美术馆是专门收藏和展示20世纪新加坡与东南亚近现代美术作品的场所。美术馆从建立至今只有过一次大修，耗时两年之久。修整后的美术馆拥有一套完整的设备，馆内现有14个可充分控制室内温度、湿度的展厅，确保所有的展品在最佳状态下展出。

美术馆的主要展览厅在一栋双层建筑里，也是美术馆的永久展品画廊。外围还有图书馆、礼堂、多功能厅、美术馆精品店、庭院、餐厅以及咖啡座，一体化的设计与服务，将精神陶冶与休闲购物整合在了一起。

新加坡美术馆是国际化的新生代美术馆。美术馆中最吸引人的展室是E-mage画廊，通过互动式画面可以了解20世纪的东南亚艺术。自开馆以来，新加坡美术馆的藏品从不足2000件慢慢增加至7000余件，举办了多次重大展览，受到大众的欢迎。

通过展览和公共项目，新加坡美术馆已经建立了一个最重要的当代艺术收藏品区域，它滋养了许许多多的创意空间，并与国际美术机构、美术社群和收藏家进行广泛合作，其中包括跨学科园地的交流、出版物合作，以及宣传和教育等一系列活动。在2011年和2013年度的新加坡双年展期间，新加坡美术馆还担任了组织者的角色。

新加坡美术馆丰富的馆藏，要归功于当地知名画家的捐赠。他们捐赠的不只是绘画作品，还有详细的文字记载和资料，如日记、文稿和

馆内的当代艺术作品，影像的叠加带来的不仅仅是深远的空间

各类剪报等，内容十分丰富。

Esplanade -Theatres on the Bay

莺歌燕舞"大榴梿"
滨海艺术中心

滨海艺术中心位于新加坡市中心，因在滨海公园的原址建造而得此名。它坐落在新加坡河入海口，毗邻滨海湾，是新加坡滨海区最具特色的现代建筑之一。滨海艺术中心外形奇特，就像一个剖开的大榴梿横卧于海滨，因此又被称为"榴梿艺术中心"，是新加坡首屈一指的艺术表演场地。

艺术中心开始建造的 30 多年前，有关单位就已经开始对其进行构思、设计。1992年，滨海艺术中心由伦敦的 Michael Wilford & Partners 绘测公司与新加坡 DPArchitects 绘测公司共同设计。1994 年公开的原始设计方案是简约的玻璃帷幕剧院，但是这种建筑在热带气候的新加坡会变成大温室。于是，设计师在剧院中心的铁架结构上安装了 7000 片铝制遮阳片，依据新加坡日照环境的模拟计算，辅以中空夹层玻璃的方法来维持室内的阴凉。这数千片的铝制遮阳片，看上去就像狮城人大爱的榴梿壳上的无数尖角。白天，这枚"大榴梿"在阳光的反射下银光闪闪，熠熠生辉；夜晚，则有蓝白相间的灯光烘托着它，把它烘托得浪漫梦幻，璀璨夺目。

滨海艺术中心还有几个户外场地，适合举办各类活动和表演。300 米长的海滨湾有两个表演场地，一个是户外剧场（Outdoor Theatre），另一个是边缘剧场（The Edge）。

滨海艺术中心的音乐厅非常著名，它的声乐等级可以排在全世界前五名，由世界著名的声学家拉塞尔·约翰逊（Russell Johnson，1923—2007）打造，其完美的音质表现可以满足世界级的音乐会或其他表演。音乐厅可以容纳 1600人，设有 VIP 私人包厢、摊位、门厅席与圆形观众席。在舞台后方，唱诗班席也能容纳 200 人。

管风琴是这个音乐厅的一大特色，喜欢管风琴的读者一定不可错过。它由世界知名的管风琴制造商 Johannes Klais Orgelbau 设计建造，包含了 4470 根管与 61 个音栓，音量洪大，气势雄伟，音色优美庄重，并有多样化对比，能模仿管弦乐器效果，能演奏丰富的和声。

管弦乐队舞台可容纳 120 名音乐家，上方悬挂了 51 吨重的声檐篷。声檐篷可让声音反弹，舞台上的音乐家在演出的同时可以更精确地听到自己演奏的声音。

音乐厅的墙壁对于演奏的音质表现有决定性的作用，所以滨海艺术中心的墙壁使用的建筑材

滨海艺术中心内的演出信息墙

滨海艺术中心的内墙装饰很有意思,是一幅很带有剧情的大壁画,充满东南亚风情

馆内的彩虹和光环装置,既是展示,也是装饰

第二章 花园城邦新加坡
/ 落难王子的狮子城堡

艺术系的大学生们在大厅就地速写

料十分讲究。滨海艺术中心音乐厅以桃花心木板包覆。桃花心木的优点是质地坚硬、伸缩性小，并且外观美丽大方，木质容易旋切和刨切，具有良好的可雕塑性，也是当年英国皇室的御用家具木材。

大剧院是每一个艺术剧场的重中之重，滨海艺术中心的剧院充满了欧洲歌剧院风情，功能多元、齐全。剧院舞台有一个表演舞台和两个附属舞台，方便安装设备、快速变换场景。剧院内部设有 2000 个座位，呈马蹄形排列，是新加坡最大的演出场所。无论是小型演出还是大型演出，在这里都可以取得很好的效果。

滨海艺术中心作为新加坡国家艺术表演中心，是一个综合性的艺术享受场所，多种艺术风格在此交融荟萃。这里的各种节目适合不同观众的口味，节目包括各种类型的音乐会、舞蹈、戏剧及视觉艺术，并把焦点集中在艺术教育和增加大众接触艺术的机会。观众不仅能了解各种艺术，更重要的是把欣赏艺术视为他们日常生活的一部分。

由充满东南亚风情的花纹装饰的滨海艺术中心的内墙

小印度 Little India

- 🕐 全天　　💰 免费
- 📍 48 Serangoon Road Singapore 217959
- 🚇 地铁 NE7 线小印度（Little India）站下；新巴 64、65 或 111 公共汽车到实龙岗路（Serangoon Road）
- ℹ️ 周一到周五的小印度会比较清静，但周末会有很多人来购物，就非常热闹了，想体验哪种氛围请把握好时间哟。

新加坡国家博物馆 National Museum of Singapore

- 🕐 全天　　💰 普通展厅免费
- 📍 93 Stamford Road, Singapore 178897
- 🚇 地铁 NS24 线或 NE6 线至 Dhoby Ghaut 站
- ℹ️ 工作人员素养很高，服务周到。馆内还有互动展示项目，如触摸屏、胶片老电影、口述历史等，不可错过。

苏丹清真寺 Sultan Mosque

- 周一至周四 9:30—12:00；周六至周日 14:00—16:00；周五 14:30—16:00
- 免费
- 3 Muscat Street, Singapore 198833
- 地铁 EW12 线至武吉士站（Bugis）；从白兰格（Blanco Court）出口步行至桥北路，最明显的标记是黄金大酒店（Golden Landmark Hotel）
- 除了祷告时间，寺院是很欢迎游客参观的。入口处有着装要求和借用处，清真寺内禁止穿鞋，请遵从指示脱鞋。

圣安德烈教堂 St. Andrew's Cathedral

- 全天　　免费
- 11 St Andrew's Rd, Singapore 178959
- 地铁 NS25 线或 EW13 线至市政厅站（CityHall）
- 里面的工作人员很热情，在炎炎夏日会特意为游客准备冰水。如果赶上做礼拜，跟人们一起颂歌会是一种美妙的体验。

新加坡美术馆 Singapore Art Museum

- 10:00—19:00（最晚入馆时间为 18:15，周五延长至 21:00 闭馆）
- 游客成人票每人 10 新元；持有有效证件的游客学生票和 60 岁及以上老年人票每人 5 新元；所有游客在周五晚及开放日 18:00—21:00 免费；新加坡居民和永久居民免费
- 71 Bras Basah Rd, Singapore 189555
- 地铁 CC2 线至 Bras Basah 站
- 馆内欢迎拍照。

滨海艺术中心 Esplanade –Theatres on the Bay

- 每日演出不同，游览前可电话咨询当日开放时间 + 65 6828 8277
- 以演出票价为准
- 1 Esplanade Dr Singapore 038981
- 地铁 EW13 线或 NS25 线到 City Hall 站
- 想在滨海艺术中心观看演出的游客，可提前至官网 www.esplanade.com 查看演出信息及购票。

维拉玛卡里雅曼兴都庙
Sri Veeramakaliamman Temple

- 6:00—12:00，17:00—21:00
- 免费
- 141 Serangoon Road Singapore 218042
- 进入寺庙需要脱鞋，请勿大声喧哗。

第三章

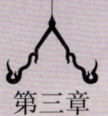

Malaysia
热岛精灵马来西亚

东南亚风情大熔炉

马来西亚,全称马来西亚联邦,简称大马。

马来西亚联邦被中国南海分为两个部分,国家版图像两片展翅飞翔的天使翅膀,飘舞在海洋上。当地人常把这两个部分简称为"东马"和"西马"。

"东马"是指马来西亚联邦东部地区。位于婆罗洲的北部,南部接印度尼西亚的加里曼丹,文莱国则夹于沙巴州和砂拉越州之间,有丰富的天然资源。"西马"即马来西亚联邦西部土地,北接泰国,南部隔着柔佛海峡,以新柔长堤和第二通道连接新加坡,经济发展迅速。

马来西亚联邦划分为13个州和3个直辖区。包括西马的柔佛、吉打、吉兰丹、马六甲、森美兰、彭亨、槟城、霹雳、玻璃市、雪兰莪、登嘉楼以及东马的沙巴、砂拉越。直辖区有首都吉隆坡、联邦行政中心布城和良港纳闽。

马来西亚宪法规定伊斯兰教为国教,并且保护宗教信仰自由。根据宪法定义,马来人是遵从马来风俗和文化的穆斯林。他们在政治上具有主导权。国家元首是国王,政府首脑是总理。马来西亚的宪法立法方面参考英国宪法建立方式,通过普选产生的国会来立定。

马来西亚是一个融合多种民族文化特色的"多元种族文化"的国家。在这片风光绮丽、物产丰富的大地上,各族人民汇聚幻化出奇异独特的风土民情。

因为接近赤道,这里无明显的四季之分,一年之中的温差变化极小,是典型的热带雨林气候,而且雨量非常充沛,去旅行的话一定要随时备一把伞在身边。

吉隆坡 Kuala Lumpur

Islamic Arts Museum
只为那一刻置身圣洁的感觉
吉隆坡伊斯兰艺术博物馆

吉隆坡是马来西亚的首都，也是大马境内最大的城市，常被当地人简称英文 KL。作为一座古今辉映、东西交融的国际大都市，居住在这里的大多数人都能够使用多种语言沟通。当地的出租车司机说，这里的孩子在高中时就基本掌握马来语、华语、英语、印度语等，看来这里每个人的语言天赋都很强。由于这里融汇了各种文化风俗，让人感觉到整个马来西亚的城市气息在平和中散发着活力。

马来人是沿袭马来风俗马来文化的穆斯林。因此，全世界仅有的两座大型伊斯兰艺术博物馆，一座在卡塔尔，另一座就在吉隆坡。

吉隆坡伊斯兰艺术博物馆坐落在风景优美的吉隆坡湖滨植物园中，于 1998 年正式开放，馆藏十分丰富，可以说能够展现整个伊斯兰世界的风貌。博物馆本身就是一件艺术品，散发着伊斯兰文化的圣洁之光。占地面积 30000 平方米，采光很好，设计结合了伊朗和中亚传统建筑的特点，有绿松石色的穹顶、钴蓝色的喷泉池和白色镂空雕花的花园凉亭，凉爽、静谧、优雅，步入其中，仿佛置身于《一千零一夜》中的皇宫花园。

吉隆坡伊斯兰艺术博物馆有 7000 余件艺术珍品，并设有一间伊斯兰文化古籍藏书室。展示的艺术品小到细粒珠宝，大到全球最大的麦加圣寺的模型，一应俱全。它的展览空间与大多数博物馆不同，有永久展览和临时展览两种特殊的画廊。画廊的设计消除了空间的划分感，成了一片开阔的区域，从一个展览空间到下一个展览空间，这种连续观赏使人们对于伊斯兰风貌有一个全盘印象。

博物馆的藏品海纳百川，不仅有伊朗和中东地区的文物，还有来自印度、中国和东南亚等国家和地区的珍品。这些作品按照地理起源的顺序在画廊展出。其余的收藏品按照建筑、手稿、纺织品、珠宝、武器盔甲、硬币、金属制品、木质家具、陶瓷和玻璃器皿等主题分类展出。馆内还

优雅静谧的吉隆坡伊斯兰艺术博物馆

有许多复原重建的土耳其风格的房间。藏品更新的速度与展览扩充的速度保持同步，为参观者提供了不断更新的观展体验。

馆内的印度画廊为参观者提供了窥探繁荣的莫卧儿帝国文化的机会。莫卧儿帝国是巴布尔（Zahir-ud-din Muhammad Babur，1483—1530）自阿富汗南下侵入印度后建立的帝国，这位帝国的创始人是成吉思汗和帖木儿的后裔，他促进了印度与中亚文化的融合，并且见证了伊斯兰艺术在印度的开花过程。

莫卧儿帝国的文化成就包罗万象，这个国家的人仿佛对于美化事物有无止境的兴趣。比如，他们对珠宝设计的兴趣，不仅体现在首饰设计上，更体现在非常少见的武器装饰中，繁复华丽的设计竟毫无违和感地展现在冰冷的武器上，令人赞叹。他们对翡翠有特殊的感情，在展出的匕首刀柄上，常有玉石、珠宝和黄金等自由镶嵌的组合。许多莫卧儿珠宝其实是半宝石，颜色丰富，都具有油脂光泽。此外，黄金和镀金的银、铜、珐琅等也是莫卧儿帝国匠人经常使用的金属素材，小到餐具，大到船只，无不以此为基础。由此，伊斯兰的装饰传统达到一个前所未有的奢华水准。

设计繁复的匕首

从中国出口到伊斯兰的瓷器

穿过印度画廊,就来到了我们陌生又熟悉的中国画廊。伊斯兰教最初从阿拉伯传入中国,最早的记录大约是 7 世纪中叶唐高宗时,穆罕默德的舅父沙德作为使节出使中国。在当时广州、西安以及后来的西部等古代主要的贸易中心,伊斯兰文化也影响着当地人的生活。

在中国,书法是一直受人推崇的艺术形式。伊斯兰教受此影响,也选择了书法作为其发展文化的途径之一。伊斯兰文化中的书法作品,采取了中国传统的卷轴方式。展厅内的壁挂卷轴,书法运笔大胆,风格写意,与典型的伊斯兰书写方式有非常大的区别。而在伊斯兰文化作品中,时常以精准度高的芦苇笔作为书写工具,看上去十分严谨、规矩。

画廊里还陈列着一批从中国出口到伊斯兰的瓷器。它们大多是明朝宣德年间的景泰蓝制品,釉色均肥,丝工粗犷,饰纹丰富。其中有一些是带有伊斯兰铭文的器物,内容应该是伊斯兰教义。这样的作品,我们几乎没有在中国的博物馆里看到过,有可能从明代开始,中国为了开拓海外出口市场,已经开始为外国顾客量身定制艺术品了。在东南亚和波斯,搪瓷器皿和绘有宗教铭文的护身符器件特别受欢迎。许多花瓶和香炉上带有赞美真主的文字。青铜器皿的造型也明显与中国传统的青铜器不同,显然为适应穆斯林顾客的喜好而改造过。

在东南亚画廊里,展出的是伊斯兰文化在东南亚地区的发展情况。伊斯兰文化延伸覆盖的范

博物馆内部的穹顶

马来人的传统服饰，纹饰大多采用自然元素的图案

围非常广,从泰国南部的一个弧形延伸出去,通过马来半岛和苏门答腊岛,在爪哇、苏拉威西和菲律宾南部形成一个群岛,这个群岛已经成为伊斯兰教文化延伸的最东边界。

大自然元素在东南亚伊斯兰艺术形式中比比皆是。植物、水果和云等主题在各种各样的媒介中被表现出来。在纺织品中,这些元素往往被抽象化,通常以几何图形的形式出现。在吉隆坡伊斯兰艺术博物馆里我们可以看到,马来人的服饰反映了他们对伊斯兰文化的初心和敬意。他们精心扎染丝绸,并用金线给衣服加上独有的刺绣,使它们看起来隆重异常。此外,马来人在加工木材和金属方面也有着特别的传统,大到祈祷屏风,小到装《古兰经》的盒子,做工都非常考究。

还有一些用金属制作的生产工具和武器,从女士使用的小型匕首到战场上使用的长矛都有,最受马来人崇敬的是克里斯短剑(Kris)。500多年前,克里斯短剑因其独特的波浪刃象征着南洋的勇士精神,代表着极大的荣誉和尊重,在马来西亚文化中占有特殊地位。刀身的波浪数从3到11不等,不同的数字代表着不同的意义,是马来人代代相传的宝物,它既是武器又是精神象征,被认为能给主人带来幸运、富足或权力。

建筑馆是吉隆坡伊斯兰艺术博物馆的一大亮点。建筑馆汇聚了全世界各地知名的清真寺建筑微缩展品。这些建筑模型制作精致,细节到位,配以文字及解说,参观者借此可以更全面地了解清真寺建筑的风格特色和其背后深厚的穆斯林文化美学。

建筑是伊斯兰教最早表达"艺术"的形式,至今仍保持着它的优越性。在建筑的范畴内,清真寺是最高表现形式。伊斯兰教有四大圣寺——麦加禁寺、麦地那先知寺、阿克萨清真寺及伍麦叶清真寺。无论从其影响、规模还是艺术造型上,这四大圣寺都是典范,在阿巴斯王朝之后的清真寺建筑,无论体现了何种建筑风格,都离不开四大圣寺建筑的特色。

在沙特阿拉伯,麦加禁寺是伊斯兰教第一大圣寺,是世界各国穆斯林向往朝觐礼拜的圣地。禁寺的整个建筑全部用洁白的大理石铺砌,骄阳之下光彩闪耀,气势磅礴。夜幕降临,千万盏水银灯把禁寺渲染得如同白昼,显得格外庄严、肃穆。经过多次扩建,这里可以容纳50万穆斯林共同做礼拜。根据《古兰经》的启示,禁止在此凶杀、抢劫、械斗,故称禁寺。

在叙利亚,伍麦叶清真寺又称大马士革清真寺,建于公元705年伍麦叶王朝时期,是在基督教堂遗址上修建起来的,因而具有古希腊罗马建筑的风格。它是伊斯兰教的经典建筑之一,是阿拉伯建筑艺术史上举世闻名的杰作。

在伊朗,清真寺则具有浓厚的波斯建筑风格,如建于11世纪的塞尔柱王朝的加米清真大寺。这是一组以圆屋顶礼拜殿堂为中心的建筑群,主体建筑的墙壁均用瓷砖嵌成,细节精致,美不胜收。

在印度,泰姬·玛哈尔陵是举世闻名的印度伊斯兰教建筑代表作,是莫卧儿王朝第五代君主为了纪念他已故的皇后而建的陵墓,它由殿堂、尖塔、钟楼、水池构成,白色大理石建筑,镶嵌玻璃、玛瑙。整个建筑群对称工整,结构严谨,圣洁壮观,有极高的艺术价值。

穿行于琳琅满目的清真寺建筑展柜之间,可以近距离地了解清真寺建筑的四大特点:穹隆、

泰姬陵的微缩景观模型，它是伊斯兰教建筑的代表

开孔、纹样、宣礼塔。

穹隆又称拱顶、圆顶，穹隆本身指天空，同时泛指高起成拱形的建筑形式，常表示宽大的厅堂上空所修筑成圆球形和多边曲面的屋顶盖。比如清真寺中的天房，室内顶部呈半圆形，就可以叫作"穹隆顶"。

所谓开孔，就是门与窗户的形式，起到通风、散热、节约原材料的作用，一般是尖拱、马蹄拱或是多叶拱，也有正半圆拱、圆弧拱，仅在承重较轻的部分使用。

提到纹样，伊斯兰式纹样堪称世界之冠。建筑及其他工艺中供欣赏用的纹样，从题材、构图到描线、敷彩，皆有匠心独运之处。动物纹样虽继承了波斯的传统，可脱胎换骨产生了崭新的面貌；植物纹样主要承袭了东罗马的传统，历经千锤百炼，终于集成了灿烂的伊斯兰式纹样。

宣礼塔，是清真寺建筑的装饰艺术和标志，用以召唤信众礼拜。最早期的伊斯兰清真寺中并无此建筑，在先知穆罕默德去世80年左右才得以出现。伊斯兰世界的宣礼塔，风格各异，造型别致，有圆柱体、正方体、方锥体、八角体、螺旋体、圆柱狼牙形等，塔内一般设有螺旋阶梯，可拾级而上，大多用石料和砖砌成，色泽绚丽多彩。

走到楼上观赏《古兰经》手稿，会发现文字是伊斯兰教的荣耀，而《古兰经》就是顶峰。《古兰经》记录了真主神圣的语言，是真主传达给人类的永久性法典。它是伊斯兰教信仰和教义的最

叙利亚大马士革清真寺微缩景观模型

土耳其赛利米耶清真寺微缩景观模型

唐朝西安清真大寺微缩景观模型

瓷器上的伊斯兰植物纹样

书籍中的伊斯兰植物纹样

高准则,同时也是立法、道德、学说的首要依据和理论基础。

《古兰经》的一个脚本是阿拉伯文书法现存的最早例子,后来被称为"库法体"。以前会写字的人不多,所以能抄写经文的文士在伊斯兰社会中备受尊崇,连统治者也常常展示他们的书法技艺。在伊斯兰国家,书法艺术一直保持在一个很高的水平。吉隆坡伊斯兰艺术博物馆内的《古兰经》许多是用金粉书写的,刚劲的笔锋与金灿灿的字体给人永恒与威严的印象。

纺织品馆里展示了许多漂亮多样的伊斯兰服饰。仔细观察,会发现古代人的穿着甚至比现代人还大胆时髦。

漂亮的服饰只是开胃菜,而珠宝馆更是一个让人大饱眼福的地方。世界上许多珍贵的珠宝都来自伊斯兰国家。吉隆坡伊斯兰艺术博物馆馆藏特别丰富的是来自中亚地区的珠宝。比如,土库曼斯坦的传统珠宝,它们通常用纯银精雕细琢,

猜猜这是什么？它不只是装饰品，还是一个小型的储物器

馆内有许多镶嵌各色宝石的头饰

与玛瑙、红玉、红玻璃组合。匠人们善用切割线和悬垂链，令珠宝首饰充满动感、活力。最令人难忘的是新娘的皇冠，它的形态甚至考究到依照新娘的眉形而造。

伊斯兰社会的精英们喜欢钻石、翡翠、红宝石，以及大量的珍珠和玉石。他们不断扩大装饰的范围，鼻环和脚趾环也成为常见的装饰品。而说到珠宝的规模和华丽程度，几乎没有哪个品类是印度珠宝的竞争对手。不仅印度是各种宝石的产地，印度人也被视为对珠宝装饰最具想象力的人。

珠宝展区旁边就是古币馆。硬币对于艺术史学家来说非常宝贵，小小的物体往往可能提供最多的信息，比如，硬币上刚劲的书法描述了宗教铭文和统治者的详细信息。

起初，伊斯兰硬币的基本外观类似拜占庭帝国和波斯萨珊王朝时期的钱币，带有肖像画的硬币使用了几十年。在伍麦叶王朝的哈里发阿卜杜勒·马利克统治时期，硬币发生了激进的变化。公元 7 世纪末期，他改良了货币并且去除了硬币上的所有图像，焦点变成了对信仰的宣言和《古兰经》的经文。

在伊斯兰世界再向东的地区，硬币上书法铭文盛行。偶尔也会有动物和人物的形象出现，特别是塞尔柱王朝时期的硬币。到了沙法维王朝，伊朗的铸币厂又为硬币添加了波斯文诗歌对联。

装备馆里陈列着不少枪械和冷兵器。令人印象深刻的是一件锁子甲，作为伊斯兰盔甲最经典的应用，它一直以轻便和灵活著称。锁子甲用细小的铁环相套，形成一件连头套的长衣，罩在贴身的衣物外面。盔甲所有的重量都由肩膀承担，与钢盔结合，可以有效地防护刀剑枪矛等利器的攻击。锁子甲的制作过程相当复杂，造价高昂。通常铁环越小巧，编织越细密，防护性能就越好。

物以稀为贵，木材雕刻一直是一个备受推崇的装饰形式。因为木材资源稀缺和气候条件的原因，在木材加工的过程中很容易导致材料的扭曲和收缩，所以工匠们对待它们特别小心，且摸索出一套特有的制作方法。在木质家居馆里，形式多样的储物箱吸引了游客的目光，它们有些镶嵌了珍珠贝母和玳瑁，有些则与光泽上乘的象牙结合在一起。

在吉隆坡伊斯兰艺术博物馆，一定不能错过纪念品商店，这里的纪念品商店比普通的博物馆商店大很多，有很多值得收藏的伊斯兰艺术书籍和礼品。这里的首饰、瓷器、丝绸、明信片来自世界各地，都有着浓郁的异国情调，非常独特，价格也公道。

展馆内的木制雕刻家具

Malaysia National Art Gallery

当代艺术作品最前沿

马来西亚国家美术馆

马来西亚国家美术馆是一个融合了马来西亚传统与现代建筑元素的艺术场所。这座美术馆主要展示马来西亚前卫的当代艺术作品。许多国内外青年艺术家、当地艺术学院和机构会在此展示他们最新的作品。许多作品鲜活有趣,充满了艺术家的奇思妙想,令人耳目一新。

马来西亚国家美术馆成立于1958年8月28日,馆址位于马来西亚首都吉隆坡的淡马鲁路,紧邻马来西亚国家剧场和国家图书馆。马来西亚国家美术馆建筑总面积达13000平方米,

马来西亚国家美术馆处于文化艺术中心地带,户外也有很多展示作品

展览空间非常开阔

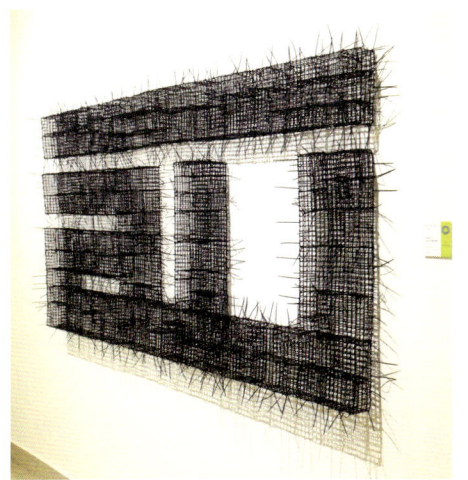

风格各异的现代艺术装置

带有东南亚艺术风格的绘画作品

美术馆大门前的骏马雕塑

《钟金钩回顾展》海报

包括五个展厅。其中，面积最大的展示厅作为"永久收藏品"展厅，其余的四个面积稍小的展厅定期更新展览内容，展示马来西亚最好的当代艺术作品和承办国际展览。此外，还有户外展示区、咨询中心、艺术工作室、会议室和办公区等。建馆之初，马来西亚国家美术馆仅拥有四件藏品，而如今藏品已超过2500件。

走近美术馆，还未进大门，在户外展示区可以看到造型或像重叠山峦或像精致海贝的公共艺术作品，其钢铁材质使鲜艳的红色更加醒目。美术馆大门前有一匹铁丝钢片包裹铸造的骏马，骨节分明，姿态生动，非常惹人喜爱。

馆内展览空间开阔，有很多屏风隔断，以保证游客在欣赏展品时不受影响。东南亚的艺术风格，代表性元素有很多，如茂盛繁密的阔叶植物、鲜艳妖冶的花朵、桀骜不驯的鸟兽、耕作捕鱼的农民等，这些题材都吸引了艺术家的目光，同时也体现在这些展出的作品中。作品形式包括装置、摄影、综合材料、软雕塑、油画、陶艺、素描、水彩、水墨、版画等，表现多样化，充满了当代性。尤其是装置作品，具有很强的视觉冲击力。

参观这里的游客并不多，足够的空间加上足够的时间，静静观赏每一个作品，让人不禁被艺术家的妙手丹青折服，还会感受到椰林岛国的温情质朴。

人像雕塑

立体的装置艺术，小怪物们仿佛正从墙里面冲出来

场馆外围有很多绿植,环境清新怡人

吉隆坡伊斯兰艺术博物馆 Islamic Arts Museum

- 周二至周日 10:00—18:00
- 成人票 14RM，持有效证件的学生和 55 周岁及以上老年人 7RM，6 周岁及以下儿童免费。若无特别展，票价分别调整为 12RM 和 6RM
- Jalan Lembah Perdana，Kuala Lumpur，Malaysia
- 乘坐 LRT 红线或蓝线到 Kuala Lumpur 站，出火车站后从人行地道到 KTM 大楼门口，向北走到国家清真寺交叉路口，向西步行 5 分钟即到
- 博物馆的户外区域有美丽的喷泉池和庭院，适合拍照。这家博物馆的纪念品店不可错过，纪念品丰富，材质上乘，做工细致，异域风情十足，价格很实惠。

马来西亚国家美术馆 Malaysia National Art Gallery

- 10:00—18:00
- 免费
- 2 Jalan Temerloh off Jln Tun Razak，Kuala Lumpur，Malaysia
- 乘坐 LRT 绿线到 Titiwangsa 站，再往东步行 10—15 分钟即到
- 许多新颖的学生作品很有趣味，值得一看。

沙巴 Sabah

Sabah Museum
"风下之乡"的前世今生
沙巴博物馆

这一站我们飞到东马,来到了沙巴州(Sabah),这个被称为"加里曼丹岛的心脏"的地方。

加里曼丹岛(Kalimantan Island)别名婆罗洲(Borneo),是世界第三大岛。东马由婆罗洲北部的沙巴和砂拉越两个州组成。在它们之间是文莱,婆罗洲的南部属于印度尼西亚。

相传从前沙巴的居民喜欢种植一种叫Pisang Saba的香蕉。这种香蕉软糯香甜,成为远近驰名的特产,于是人们便把这片土地称为Sabah。由于地理位置巧妙,即使海上台风年年侵袭马来西亚,却都不会经过这里,终年没有自然灾害,"风下之乡"的美誉由此而来。作为马来西亚的第二大州,这里是一个现代文明与古老文化并存的地方:为观光客所喜爱的海岸岛屿上,现代都市高楼林立,星级酒店设施豪华;而在山涧密林,原始部落依然固守着千年的丛林生活,以狩猎为生。

沙巴首府为哥打京那巴鲁(Kota Kinabalu),在马来语中意味着"神山之都"。附近的京那巴鲁神山号称东南亚第一高峰,是著名的世界自然遗产。华人爱称这里为亚庇(Api)市。Api在马来语中是"火"的意思,由于历史上的亚庇市曾多次被火神光顾,所以这里也被称为"火之都市"。拜长长的海岸线所赐,这里由一个小渔村慢慢发展为全岛旅游和渔业最发达的地方,而港口与铁路的发展也令亚庇的工业和商业生机勃勃。

想要详细了解当地的文化历史,来到沙巴博物馆就能一探究竟。

沙巴博物馆的原址是殖民地时代的政府官邸,于1985年重修后启用。整个博物馆由多个建筑体组合而成,建筑群包括主楼、科学与教育中心、传统文化村、沙巴美术馆以及沙巴伊斯兰博物馆,它传承了沙巴丰富的历史、社会、人文和自然史。

沙巴博物馆门口有个小型瀑布

龙古斯长屋造型的博物馆主楼

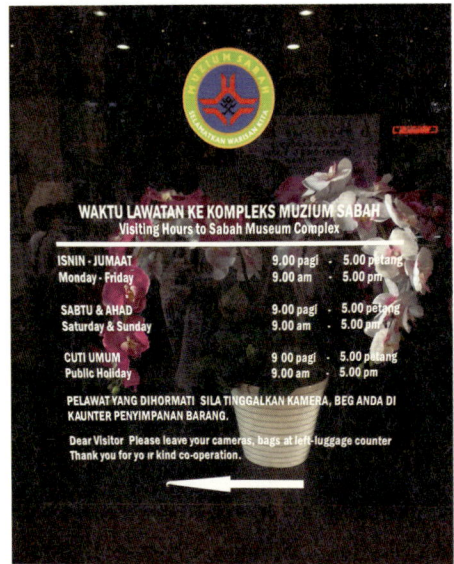
售票处的开馆闭馆时间表,观光客必须把行李和相机寄存在前台

博物馆向来是学生集体参观游览的绝佳之处

大厅中央的鲸鱼骨架标本

博物馆外有卖椰子的水果摊,即开即喝,非常解渴

沙巴博物馆主楼建筑是采用龙古斯长屋（Rungus Long House）的造型设计的。长屋,就是长长的屋子,这是一种独特的东马建筑形式,当地如达雅克族、伊班族、毛律族等许多民族都居住在不同形式的长屋内。长屋一般由三部分组成：一是晒棚,用以晾晒谷物、稻米、黑胡椒、树胶等农作物；二是居室,成排的房间与卧室用木质墙壁分隔；三是长廊,一般都比较宽敞,上有屋顶遮盖,长廊是长屋用途最广泛的地方,是祭祀、议事、交流、娱乐、会客等重要活动的场所。

沙巴博物馆内有许多长屋室内造景和人物雕塑模型。在长屋模型里,悬挂着用草绳吊着的骷髅头,这就是传说中的猎人头。早在一个半世纪以前,伊班族人就有猎取人头的风俗。他们以猎取敌人头颅的形式来举办成人礼,据说悬挂头颅越多的人家,来求亲的女孩子就越多。

沙巴博物馆大厅的中央,有一个巨大的鲸鱼骨架,气势雄伟壮观。其他展厅分别展示了沙巴的历史沿革、野生动植物标本、器皿、各民族婚俗等,可以看到许多古老的沙巴瓷器、武器、农具、乐器、衣饰和祭祀用品,这些足以反映沙巴多元原住民文化和自然历史演进的过程。值得一提的是沙巴博物馆的科学与技术中心屋,建筑物十分有趣,外形酷似竹织帽子。

在距离博物馆主楼很近的地方,有一个传统文化村,村里有许多模仿沙巴各原住民的传统居所而建的房屋,有高脚屋民居、吊桥、荷花池,还有一栋华人的传统房屋。这里居然有真人示范起居作息,使用工具劳作,使访客身临其境地感受传统文化。

由于馆内禁止拍照,这些具有沙巴气息的文化展品只能留在游客的脑海中了。山明水秀的沙巴给人留下的最深刻的印象是生态环境非常好,生活在这里应该会非常舒适。绵长的海岸、繁茂的植被、林立的椰岛,风光旖旎的小岛群未经人工破坏,四周海水湛蓝清澈,珊瑚景色美不胜收。

由于得天独厚的地理位置,山明水秀的沙巴特别适合居住

Sabah Art Gallery
画里有海风的咸味
沙巴艺术画廊

　　沙巴艺术画廊是沙巴博物馆的一部分，定期有本地艺术家的作品展览和演出，无论是画廊的建筑外观、内部环境，还是雕塑、绘画等馆内展出的作品，都完全符合访客们的期待。这里展现给人一种清新、优雅、浪漫、贴近自然的风貌，是一座融大地、海洋、阳光、花鸟、鱼群为一体的艺术殿堂。

　　说到沙巴艺术画廊的建立，不得不提到达图·亚曼（Datuk Mohd. Yaman Hj）。亚曼是沙巴艺术画廊的前任董事，他年少时接受教育资助前往英国克罗伊登学院学习艺术。从1963年到1965年，他考察了巴黎、米兰、佛罗伦萨等艺术圣地，吸收了许多外来文化，丰富了他的知识和艺术敏锐度。1970年，亚曼回到沙巴，在大学美术系任教，通过各种各样的活动，鼓励沙巴艺术家们创作。1982年，亚曼写信给当时的

沙巴艺术画廊外景

画廊独特的八角形玻璃屋顶

画廊的外部走道,色彩艳丽的图画与当地气质相得益彰

第三章 热岛精灵马来西亚
/ 东南亚风情大熔炉

沿着五线谱般的回旋走廊向上走,便可开始欣赏艺术之旅

以咖啡和墨水为颜料绘成的水彩作品,细看之下"风味"十足

部长,希望能够申请预算建立沙巴艺术画廊。经过一系列的努力,他的梦想终于成真。1984年4月11日,沙巴艺术画廊举办了第一次展览。

虽然沙巴艺术画廊在1984年就成立了,但它一直没有一个固定的场馆,直到2010年才开始选址建造,在2013年向公众敞开大门。

画廊建筑呈八角形,灵感来自令亚曼一直有浓厚兴趣的几何造型。它的墙壁从基地以锥形的样子向外倾斜30度,使艺术画廊像一顶倒置的民族风帽子。

木雕作品

奇异浪漫的绘画作品

建造这座建筑是令建筑商们激动和头疼的挑战。新建立的沙巴艺术画廊是一座四层建筑，墙壁是完全由混凝土砌成的，并且精心绘制了许多沙巴民族艺术和图案。第一层和第二层的主要功能是保护和收藏珍贵艺术品，第三层是画廊、图书馆和行政办公室。顶层展厅名为亚曼画廊，以此感谢他为开拓沙巴艺术做出的贡献，展厅内也陈列了亚曼的作品。

除了宽敞的空间和独特的造型，大楼的另一个亮点是太阳能屋顶，它可以为整个画廊提供能量与动力。建筑有可以收集雨水的系统，为景观池塘和洗手间供水。艺术画廊还设有充电亭，可以为电动车和汽车充电。如此环保的沙巴艺术画廊，在2012年5月获得了绿色建筑评估银奖，它是马来西亚第一个绿色的公共画廊，也是沙巴第一个被正式承认的绿色建筑。这座独特的建筑时常成为沙巴艺术文化讨论的中心，也成为艺术爱好者和游客经常光顾的地方。

进入画廊，瞬间感到凉爽舒适，首先会看到巨型的木雕前台，好似一只巨大的手拿着调色盘。前台右边是回旋的白色楼梯，与黑色的不锈钢扶手相互衬托，如同动感的五线谱在空旷的白色山谷里浮动。

展厅展示的作品有雕塑、油画、水彩画、综合材料画作等，有的描绘海洋世界里光怪陆离的景象，有的展示热带雨林神秘莫测的气

彩鸟四联画

势……很多沙巴艺术家钟情于表现当地人的生活状态，特色民居和民族服饰更是令人印象深刻。

Kota Kinabalu Graffiti Square
听见内心的声音

亚庇涂鸦广场

全东马最齐全、全亚庇最大的商场——亚庇曙光广场（Suria Sabah Shopping Mall）正对面有一个独具特色的广场，这个超有创意的地方就是亚庇涂鸦广场。

亚庇涂鸦广场位于市中心地段，裸露的水泥柱上布满了密密麻麻的涂鸦绘画，非常抢眼。据说，旧政府办公大楼之前就在这个地方，因其不幸遭受了祝融之祸，最后留下烧黑了的建筑框架，围成一个小型的广场。

坚强乐观的亚庇人用五彩缤纷的创意赋予它新的生命，当地艺术学院的学生常常来这里涂鸦作画，尽情创作。每根柱子、墙壁、台阶上都有

位于市中心的亚庇涂鸦广场

各种风格的涂鸦作品散布在柱子上

妙趣横生的图案,画作更新非常频繁。

在喧闹的市中心,亚庇涂鸦广场像一幅新旧结合的代表作,人们用俏皮积极的正能量抚慰沧桑历史的伤痛,宣示着这座城市的自由友善。时常有游客不自觉地被吸引前来观赏,还有浪漫的新人在这里拍摄婚纱照,这里正在逐渐成为沙巴时尚蜜月旅行地。

水上清真寺全景

Masjid Bandaraya Kota Kinabalu

晴空与湖泊相拥

水上清真寺

清真寺在穆斯林心目中有崇高的地位，是穆斯林的精神家园。在亚庇市的东北部有一个湖，名叫里卡士湾畔（Likas Bay），湖上有一座非常美丽的水上清真寺。

水上清真寺是一座典型的当代伊斯兰教建筑，是市内最大的清真寺，也是马来西亚国内夕阳景观最为壮丽的清真寺。

这座清真寺于1997年建成，占地足有一公顷，可容纳一万名以上教徒同时做礼拜。清真寺依水而建，内外都无比精致。清真寺内部，高耸的方形石柱撑起殿堂，地面覆盖着黛青色和灰白色交织的地砖；清真寺外部，设计上充分运用天空元素，乳白色的外墙如同空中洁白的云朵，碧蓝色的圆拱顶好似晴空，连雕窗都是镂空的星月

清真寺外围的里卡士湾畔

傍晚时分,人们会聚集在此处观赏日落

第三章 热岛精灵马来西亚
/ 东南亚风情大熔炉

阳光下的清真寺看上去异常圣洁与壮观

纹，所有的设计都致力于营造一座自然静谧的圣殿。清真寺礼堂的旁边有四个高耸的宣礼塔，面朝四方。每到礼拜时间，就会有人在塔上大声召唤教徒们来做礼拜。

每当夕阳西下的时候，落日的余晖便会给这里的一切披上一层金色的外衣，湖面上的建筑与倒影交相辉映，如油画一般美轮美奂。站在湖水前凝望的那一刻，你会深切地为之震撼，像是受了一番洗礼。许多旅行者会选择这里作为观赏日落的地点。

Tanjung Aru Beach
橙汁海洋、日光浴与火烧云

丹绒亚路海滩

沙巴有一个颇有诗意的美誉——"落日的故乡"。这里的丹绒亚路海滩是世界上最佳的落日观赏地之一。海滩名字中的"亚路"指的是木麻黄。顾名思义，这里耸立着无数木麻黄树。在林荫下散散步，海天相接的美景尽收眼底。

丹绒亚路海滩坐落于沙巴首府亚庇市区的西侧，沙滩的位置非常好找，距亚庇市中心仅15分钟车程，同时，这里距离亚庇机场也非常近。不管是对当地人来说还是对游客来说，这里都无疑是最受欢迎的标志性景点。在沙巴，一年中的大部分时间都可以看到日落，每年的5月至9月是旱季，降雨量最小，此时的天空比较通透，最适合观赏日落。

海滩的浪非常平缓，很适合在这里戏水。踩在软绵绵的沙子上，像踩着地毯。海滩上有许多彩色的小贝壳，转眼间就钻进沙子里了。若仔细找，还会发现不少小螃蟹在欢快地横向奔跑。很多当地人带着孩子，在这里悠闲地戏耍，还有很多情侣在沙滩上拍照、漫步。偶尔也会有比基尼美女躺在沙滩上做日光浴。白天，有很多外国人

宁静的沙滩

俯瞰沙巴美景

这里有不少水上运动可以体验，餐厅和纪念品商店一应俱全

沙滩一景

第三章 热岛精灵马来西亚
/ 东南亚风情大熔炉

在这里体验各种水上运动,如摩托艇、滑水、冲浪等。海滩边的餐厅放着或慵懒或清新的海岛音乐,看到这美景,任何烦恼都会烟消云散。

每天到了傍晚时分,在沙滩边的游客便会很自然地一起等待日落,形成一道亮丽的风景线。

天空原本一碧如洗,灿烂的阳光正从密密的云朵缝隙射下来,形成一束束粗粗细细的光柱,把飘荡着轻纱般的薄雾的海面照得通亮。湛蓝的天空慢慢被晕染成一片金黄和橙红交融的渐变色,燃烧着的巨大的橘红色夕阳清晰浮现,金光璀璨,吞天沃日。当夕阳投向海面的时候,海面一下子变成了金黄色,海面被微风吹动着,波光粼粼的,煞是好看。无论是岸边的大树、近处的游客,还是远处的岛屿,都笼罩在一片赤色的世界里。

无论是壮美的火烧云,还是层次丰富的天空,云彩都仿佛被画家挥笔晕染上了颜料和光彩,瞬息万变,呈现出不同的景象。看到这样的美景,才觉知所有对丹绒亚路海滩的美誉都不只是传说,浪漫的沙巴日落,可以温暖我们的一生。

"落日的故乡"名副其实

沙巴博物馆 Sabah Museum

- 🕐 9:00 — 17:00
- 🎫 15RM
- 📍 Jalan Muzium, 88300 Kota Kinabalu, Sabah
- 🚌 从旺旺山百货商厦（Wawasan Plaza）前的公交车站乘 13 号线，前往 Penampang 方向，票价 1 马币。相对市中心路途较远，建议乘车前往
- ℹ️ 博物馆内禁止拍照。

沙巴艺术画廊 Sabah Art Gallery

- 🕐 9:00 — 17:00
- 🎫 6—12 岁儿童：8RM；13 岁及以上儿童、成人：10RM
- 📍 Mile 2, Jalan Penampang, 88300 Kota Kinabalu, Sabah
- 🚌 建议包车或搭乘出租车前往
- ℹ️ 这座非常有海洋风情的艺术画廊是拍照的绝佳地点，千万不要错过。

丹绒亚路海滩
Tanjung Aru Beach

- 全天
- 免费
- Jalan Bandaran, 88675 Kota Kinabalu
- 由亚庇市旺旺山百货商厦（Wawasan Plaza）前的巴士站搭乘 16 号路线，前往 Tanjung Aru 方向，票价每人 1.5RM；或者从市区坐出租车去海滩，司机一般开价 25RM
- 海滩后面有个小市场，里面出售各种美食，相对亚庇市内，价格更实惠。烧烤摊前总是围满馋嘴的孩子；水果是腌制的，泡在不同口味的糖水里；还有很好喝的新鲜椰子汁、杧果汁、牛油果果汁，全部鲜榨不掺水。炒玉米粒和煮花生吃法也很奇特，会加大量的黄油、起司和巧克力酱。

水上清真寺
Masjid Bandaraya Kota Kinabalu

- 8:00—17:00（周六 9:00—11:00）
- 免费
- Jalan Pasir, Kampung Likas, Kota Kinabalu, Sabah/Jalan Pasir, 88450 Kota Kinabalu, Sabah
- 路途较远，建议乘车前往；在亚庇旺旺山百货商厦（Wawasan Plaza）前的巴士站乘坐前往 UMS 方向的 5A 号线（票价：每人 1.5RM 运营时间：6:30—20:00）
- 如果想进入寺内参观，首先必须在清真寺旁的绿色房子内登记，等待工作人员带领进入参观。与大部分的清真寺禁止女性或非穆斯林入内不同的是，这里对外开放，同时也可以拍照。非穆斯林身着长裙长袖、戴头巾、换拖鞋后即可进入。如果没有穿着长衫，寺内还有伊斯兰传统服饰可以租借，依据衣服的复杂和华丽程度，需要人民币 3—10 元不等。

亚庇涂鸦广场 Kota Kinabalu Graffiti Square

- 全天
- 免费
- Jalan Tun Fuad Stephens，Kota Kinabalu 88000 Kota Kinabalu, Sabah
- 步行
- 这里的涂鸦经常更新，如果有自信，你也可以画两笔并拍照留念！

第四章

Sri Lanka
慵懒惬意斯里兰卡
印度洋上的一滴眼泪

热带岛国斯里兰卡,古称僧伽罗(Simhalauipa),意为"光明富庶的乐土",现在的全称是斯里兰卡民主社会主义共和国。它位于印度洋,在地图上,它的形状像一滴水珠。它是狮子国、宝石岛,还是红茶乡。来到这里旅行,最大的感受是,这真是一个对中国人特别热情友好的国家。

从古至今,中国与斯里兰卡的友谊代代流传。现在的斯里兰卡充满生机,所有城市都在积极建设。走在斯里兰卡的土地上,当地人看到东方面孔都会热情地问你从哪里来,听到"China"时,他们都会瞬间报以热情的微笑。

斯里兰卡的历史要追溯到公元前5世纪,来自北印度的雅利安人移民至锡兰岛,建立了僧伽罗王朝。公元前3世纪,笃信佛教的印度孔雀王朝国力强盛,阿育王(Aśoka,?—前232)派摩西陀阿罗汉(生卒年不详)到斯里兰卡传播佛教,他最初住在森林中的洞穴里,简陋的环境最适合冥想,可能僧侣退隐洞穴、面壁冥想的传统也是从这时开始的吧。

当时斯里兰卡的国王很快便皈依了佛教,修建了第一座佛塔——睹波罗摩塔，用来存放佛祖的锁骨舍利。斯里兰卡的泊桑波耶节便是为了纪念摩西陀阿罗汉将佛教传入斯里兰卡而设立的。

对佛法之国斯里兰卡尤其重视的阿育王不久后又派公主僧伽密多（Sanghamitra，约前281—前202），她带来了菩提树。在这之后历史上僧伽罗的国王无一例外都是佛教徒，僧侣进入主流社会，入主宫廷，成为辅政大臣，使得佛教真正与世俗王权紧密相连。僧伽罗的政权虽起起伏伏，但是王室、臣民都笃信佛教。

公元前2世纪，南印度的泰米尔人也迁徙至斯里兰卡，在当地建立了泰米尔人的政权。从此，岛内僧伽罗王国和泰米尔王国之间为了争夺土地而征战不断。

大约公元4世纪，佛牙传入斯里兰卡，笃信佛教的斯里兰卡便将佛牙作为王权的象征，拥有佛牙的人便是这个国家的君王。至此斯里兰卡又陷入了战争的岁月，各种势力在角逐征战争夺佛牙，逐渐把佛牙推崇至国家的象征、人民的精神支柱的地位。曾经信仰印度教的泰米尔人为了获得民心，竟也用心学习佛法教义，大肆修建寺庙，供奉佛祖。

在经历了葡萄牙人、荷兰人、英国人的殖民后，泰米尔人和僧伽罗人仍然有世仇，并且爆发了内战。泰米尔在1976年成立了猛虎组织，想在斯里兰卡这片土地上独立。直到2009年，猛虎组织被消灭，斯里兰卡才迎来了真正的和平。

现在的斯里兰卡仍是多民族国家，有僧伽罗族、泰米尔族、摩尔族等民族。其中，僧伽罗族占绝大多数。僧伽罗语、泰米尔语同是斯里兰卡的官方语言，上层社会则通用英语。

这片佛祖眷顾的乐土，天高海蓝，鸟语花香。奇异的自然景观使得这块土地充满热带风情：黄金椰子树随处可见；迷人的睡莲和阳光下的鸡蛋花引发人们的浪漫情怀；蓝宝石、紫水晶、月光、猫眼等宝石令人眼花缭乱。让我们一起开启斯里兰卡文化探索之旅吧。

科伦坡 Colombo

National Museum of Sri Lanka

郑和在这里丢了块碑

斯里兰卡国家博物馆

科伦坡是进入斯里兰卡的门户，素有"东方十字路口"之称。它位于锡兰岛西南岸、克拉尼河以南，濒临印度洋，是斯里兰卡的首都，也是最大的城市和商业中心。科伦坡在僧伽罗语中意为"海的天堂"。

因为地理位置接近赤道，这里属于热带气候。但由于海风常常拂过，全年大部分时间气温较高，空气湿润，雨水充沛。市内棕榈苍翠，郊区椰林葱郁，风景怡人。雨季的斯里兰卡有着海边城市特有的灰蒙蒙的天空，成群结队的乌鸦在高大的棕榈树上鸣叫，令人仿佛置身于宫崎骏的动画中，恍惚间便会有一个乌鸦使者叼着信件飞来。

科伦坡还是斯里兰卡的文化中心，市内的两座大学分别建于1959年和1967年。城中名胜古迹众多，建于1877年的斯里兰卡国家博物馆位于费南多大街，是斯里兰卡最古老的博物馆。

博物馆内收藏了超过10万件珍贵的历史文物，20多万册书籍和手稿，其中包括僧伽罗王朝时期（前5世纪—1世纪）、兰巴建纳王朝时期（1—11世纪）、波隆纳鲁瓦王朝时期（11—13世纪）、三国时期（13—16世纪）和康提时代（16—18世纪）历届王朝的珍贵藏品，馆内不仅展出雕塑、壁画、陶器、服饰、武器等历史文物，还设有自然科学室，专门展出动物、昆虫的标本，藏品可谓丰富至极。

馆内收藏的文物中，最多的是石雕或铜雕的释迦牟尼塑像，还有不少印度教湿婆的雕像，其中还有从南印度运来的湿婆铜像，由此我们可以推测，在大约1000年前，斯里兰卡人民的宗教包容度就已经很高了。这些文物大多是从波隆纳鲁沃古城的遗址中出土的，该古城在1982年被联合国教科文组织列入《世界遗产名录》。

斯里兰卡国家博物馆的主体是一座 18 世纪殖民时期的建筑

第四章 慵懒惬意斯里兰卡
/ 印度洋上的一滴眼泪

历史文物展厅

绘画展厅

与佛教故事有关的绘画

馆内藏有大量佛像和印度教雕刻

丰富多彩的陶瓷器

石碑大厅中有一座 1912 年发现的石碑，人称郑和布施碑，是中国明代外交家郑和下西洋到此地时所建。它是在加勒被英国工程师托马林发现的，当时这块石碑碑文朝下盖在一个管道口上。

郑和布施碑顶端刻有二龙戏珠浮雕，碑面上刻有汉文、泰米尔文和波斯文三种文字，汉文记录了郑和等受明朝皇帝派遣、下西洋时来斯里兰卡巡礼圣迹、向佛教寺庙布施香礼的事情，后面还有布施祭品的清单。石碑上的泰米尔文和波斯文有些部分已经难以辨识，从英文注释可以了解到分别记载了中国皇帝对印度教毗湿奴和对伊斯兰教真主的崇敬之情。

郑和的宗教信仰一直都是个谜，一说他是穆斯林，一说他笃信佛教。郑和布施碑上的文字虽不能表明他的宗教信仰是什么，却能体现出他对各种宗教都给予了同等奉祀，也看得出郑和以及当时明朝统治者朱棣在宗教上的包容性。此外也反映郑和等人不希望他们所从事的经济、文化交流活动受到宗教对立的影响。斯里兰卡独立后，这块碑被送到了斯里兰卡国家博物馆保存。

Sri Lanka National Art Gallery

爱美神眷顾之所

斯里兰卡国家艺术画廊

对于艺术爱好者来说，斯里兰卡国家艺术画廊是一个必须要参观的地方，因为这里是科伦坡最有吸引力的艺术画廊。

美丽的斯里兰卡国家艺术画廊米黄色的建筑非常简约，装饰有金线与浮雕，正门由两根高高的柱子支撑着，门前卧着两尊雄壮的石狮子。门外有一个别致的花园，花园里种满了芳香四溢的鸡蛋花树。鸡蛋花非常可爱，颜色像鲜嫩的鸡蛋，象征着复活新生、孕育希望。

斯里兰卡国家艺术画廊一共有三个展览厅。宽敞的永久性展览大厅房顶为拱形，像倒扣的船舱，厅内收藏着大大小小斯里兰卡经典的雕塑、

斯里兰卡国家艺术画廊

画廊入口

展馆内的雕塑作品

画廊也会举办各类文化活动

第四章　慵懒惬意斯里兰卡
/印度洋上的一滴眼泪

宽敞的永久性展览大厅

馆内展示的绘画作品

油画和水彩作品等。另外两个大厅被命名为西方画廊与东方画廊。经常会有一些知名艺术家在这里举办展览。同时,这里也为年轻艺术家创造了展示自己的机会。

　　画廊还会举办各类文艺活动,其中最具观赏性的就是斯里兰卡僧伽罗舞蹈比赛。僧伽罗舞蹈主要以鼓乐伴奏,节奏感极强,舞蹈者伴随着激烈的长鼓敲击声,四肢和身体做各种高难度旋转变化,同时伴以抒情、柔软的手部摆动动作迎合节拍。动作灵巧敏捷,变化丰富,让人不由自主地屏气凝神,移不开视线。

　　僧伽罗舞蹈最初大都是在一些祭祀神会上进行表演,由于斯里兰卡舞蹈的发展得益于佛教住持、王室贵族、地方酋长的扶持,即便历史上斯里兰卡长期受到外来势力和文化的干扰,但它的传统舞蹈却坚守自己的文化阵地,一直保留古老的风味,精彩绝伦。

　　根据发源地的不同,斯里兰卡僧伽罗舞蹈分为发源于康提的高地舞、发源于中部萨巴拉加穆瓦地区的中地舞、流行于南部和西部沿海区域的低地舞和民间舞四大门派。其中康提舞被誉为最纯洁的表现形式,巧遇创造机缘,随后我们会前往康提,一同更加深入地了解僧伽罗舞蹈。

Independence Square
希望升起的地方
科伦坡独立广场

从 1521 年起斯里兰卡经历了葡萄牙、荷兰、英国的侵略殖民，直到 1948 年 2 月 4 日，斯里兰卡才正式宣布独立。独立广场正是斯里兰卡当时举行独立仪式的场所。

为了纪念这个来之不易的日子，斯里兰卡将 2 月 4 日定为国庆日。每年的这一天，首都科伦坡都会庄严隆重地鸣 21 响礼炮，军乐队吹号擂鼓，陆海空三军仪仗队出动，总统发表重要讲话，以各种形式庆贺国庆日。

科伦坡独立广场位于科伦坡大学东侧，在广场的中央有一座独立纪念堂，是模仿康提王朝时期国王接见朝觐者的大厅而建的。与接见大厅

独立广场周围的草坪上卧着象征僧伽罗人的石狮子

独立纪念堂

精心雕刻的独立纪念堂门楣

木质结构不同的是，这座纪念堂运用石材构建，梁柱上刻有大象、狮子和与佛教故事有关的图案，花纹繁复华丽而富于艺术趣味。纪念堂的四周环绕着60只象征僧伽罗人的石狮子，每一只狮子都代表一位国王。广场中央的地下有101个房间，纪念堂的四个角还有通往地下的通道。

独立广场周围是绿色的草坪，环境优美，到了晚上还有喷泉，大人们爱在这里散步，孩子们也常来这里玩耍。

纪念堂的北面矗立着一尊斯里兰卡自治领地第一任总理唐·斯蒂芬·森纳那亚克（Don Stephen Senanayake，1884—1952）的雕像。他领导了斯里兰卡独立运动，建立自治，为国家的发展贡献一生，因此被称为"斯里兰卡国父"。

如果到科伦坡旅游，一定要站在独立广场的纪念堂上望一望，与这个国家一同感受自由的荣耀。

独立纪念堂中央大殿

纪念堂的背面竖立着"斯里兰卡国父"的塑像

第四章 慵懒惬意斯里兰卡
/ 印度洋上的一滴眼泪

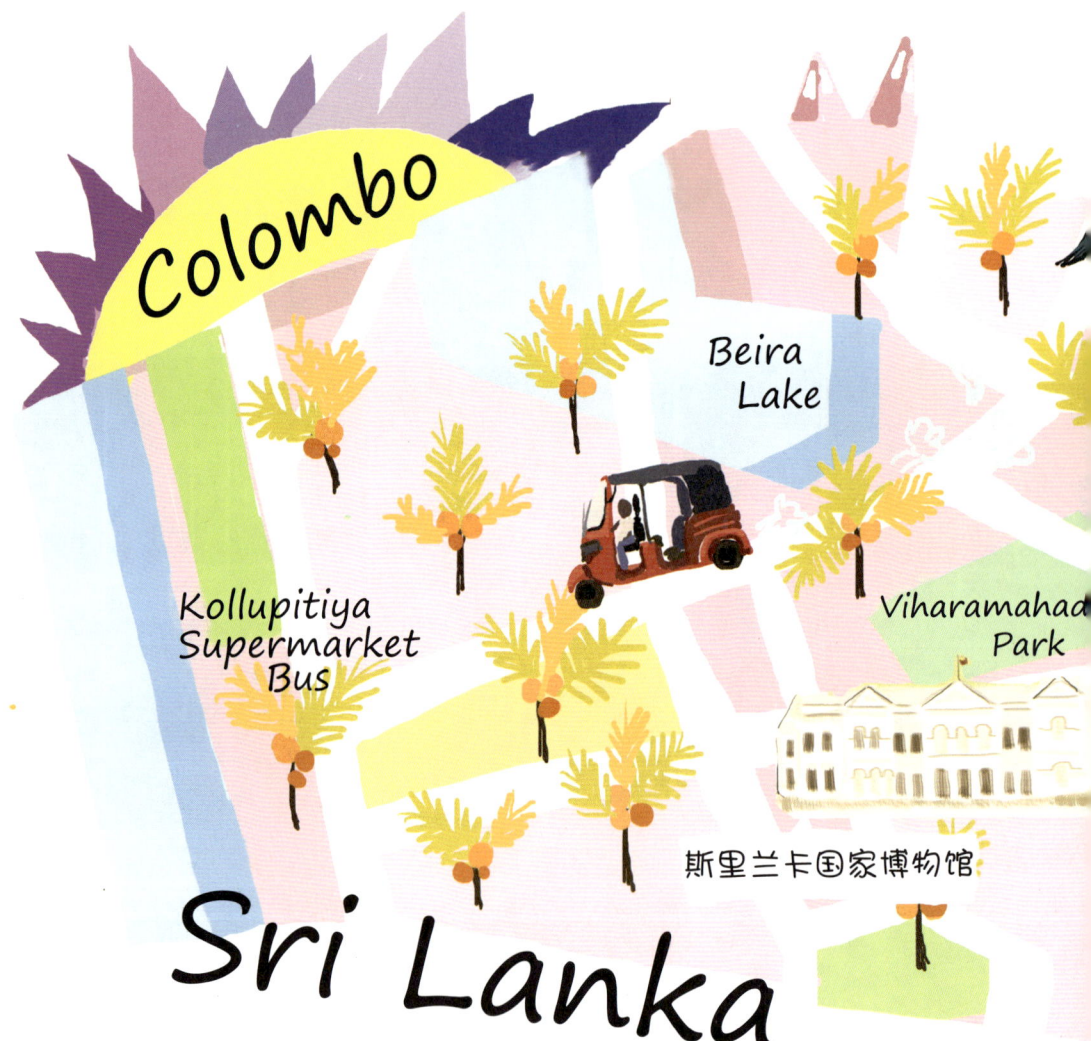

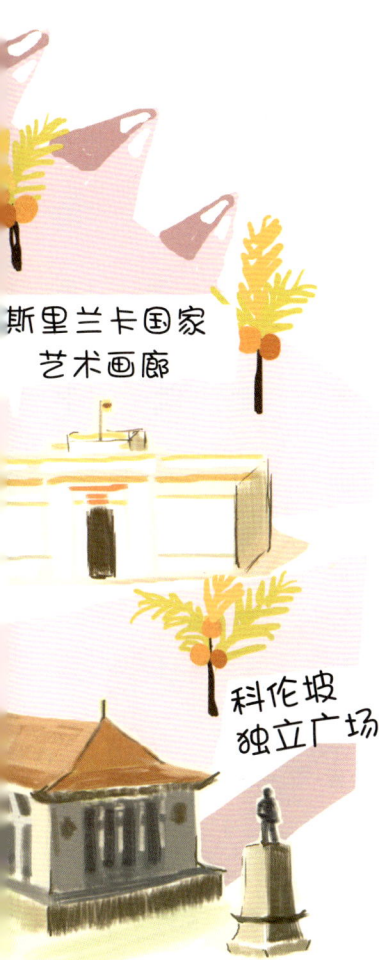

斯里兰卡国家博物馆 National Museum of Sri Lanka

- 🕘 9:00—17:00（周五闭馆）
- 🎫 成人 500 卢比，儿童 300 卢比
- 📍 854 Sir Marcus Fernando Mawatha，Colombo 7
- 🚌 可选择从维哈马哈德维公园步行即可到达
- ℹ️ 斯里兰卡博物馆是斯里兰卡最古老的博物馆，是全面了解该国历史及文化的绝佳之地。相机票是 250 卢比，想拍照的游客记得购买，购买相机票后会得到一份导览图。博物馆附近有一条十分幽静的小路，在小路上散步时，可以看到庭院中种植着当地特有的黄金椰子树（the king of coconut）。

斯里兰卡国家艺术画廊 Sri Lanka National Art Gallery

- 🕘 9:00—17:00
- 🎫 免费
- 📍 106 Ananda Coomaraswamy Mawatha, Colombo 7
- 🚌 步行或搭乘 TUTU 车前往
- ℹ️ 画廊外的鸡蛋花非常美丽，工作人员很友善。

科伦坡独立广场 Independence Square

- 🕘 全天
- 🎫 免费
- 📍 Independence Ave Cinnamon Gardens, Colombo 7
- 🚌 搭乘公交车至 Campus Bus Stop 下车，再往东步行约 500 米即到；搭乘公交车至 Torington Bus Stop 下车，再往西北步行约 200 米即到

加勒 Galle

Galle Old Town
站在迷人的浅蓝海滩看鲸鱼
加勒古城

　　斯里兰卡虽不大,却有八个地方被联合国认定为世界文化遗产,该八处世界文化遗产中有七处都是与佛教相关的,如波隆纳鲁沃、丹布勒等,加勒古城是斯里兰卡唯一一个殖民建筑遗迹。

　　从科伦坡乘坐火车沿着海岸线一路向西南行驶,就可以抵达这座滨海古城——加勒。加勒古城又称加勒堡,位于斯里兰卡的西南部,

城内的房子有浓厚的北欧风情

加勒古城城门

加勒海滩

加勒图书馆

猴子在屋檐上悠闲地吃饼

是斯里兰卡一个重要的港口。这里不仅有闻名世界的古老的旧城墙,还有全国最迷人的海滩和最佳观鲸点。

加勒正处于从东南亚通往欧洲的必经航路上,无论是对于葡萄牙、荷兰还是英国进行的全球贸易都是至关重要的,只有打通欧亚大陆的水上贸易航路,才能将亚洲的黄金、香料、宝石运到欧洲去。

于是荷兰人便瞄准了斯里兰卡,首先便是征服加勒这座贸易之都,使之成为荷兰人在亚洲的重要贸易据点和中转站。为了彰显自己的统治力,同时也为了抵御从海上来的敌人,荷兰人建造了这座36万平方米的城市,教堂、邮局、餐厅、居民区、商店等应有尽有,若是有外敌入侵,便将城门紧锁,敌人也奈何不得。荷兰人在加勒一待就是150多年,因此整个古城的建筑都是黄墙红瓦的荷兰式,除了标志性的灯塔外,还有一些欧洲式的教堂。

加勒城堡修建在加勒南端的小半岛上,四面被高大的城墙围起来了。站在高处俯瞰整座城堡,整洁的街道、黄墙红瓦的建筑、湛蓝的天空以及随处可以看到的花儿,都会让你心旷神怡。

城堡的正门也就是老旧的正城门,位于加勒城堡的东北部。由于地处海边,经年累

第四章　慵懒惬意斯里兰卡
/ 印度洋上的一滴眼泪

月受海风侵袭，城门上已经长满了绿色的苔藓，城门正上方镶嵌着一块铜板，上面刻着"VOC"（荷兰语 Verenigde Osstindische Compagnie 的缩写），即荷兰东印度公司。由于城门比较低，平常穿梭在这座正门外的就只有行人和 TUTU 车了。进了老城门后便会看到巨大的榕树，浓浓的欧洲气息扑面而来。

19世纪，英国人带来了汽车。为了能让汽车通行，他们在加勒古城的北部修建了新城门，作为主城门，宽大的水泥路连通着城堡内外。加勒的其他地方亦有许多城门，但是大多面朝大海，只有这个新城门面对着陆地，由此可见英国人是多么重视城堡的安全，绝不允许有其他人从海上登陆加勒城堡，只能从新城门通过。

雨后的清晨，加勒城堡内充满了生机，漫步在古老的街道上，走在迷宫般错落有致的小巷子里，路旁的咖啡店门前都摆满了鲜花。踏着几百年前的石板路，探访加勒的旅程就此开始。

夜幕下的加勒古城

第四章 慵懒惬意斯里兰卡
/ 印度洋上的一滴眼泪

加勒乌德勒支碉堡

Point Utrecht Bastion & Lighthouse

海上丝绸之路航道最南点
加勒乌德勒支碉堡与灯塔

　　加勒乌德勒支碉堡是当地的标志性建筑之一。它建于 1938 年，高 18 米，矗立在岩石半岛上。岩石半岛是一个天然的港口，每天都有一艘艘满载世界各国奇珍异宝的货船在此停靠，码头上的叫卖声、飞鸟的叫声与海浪声混杂在一起，十分具有生活气息。

　　泪滴形状的斯里兰卡四面环海，绵长的海岸线总长度达 1600 千米。由于雨神奇妙的灌溉方式，有一半的海滩终年无雨，所以斯里兰卡的东部海岸被称为公海（Male Sea），对应的西海岸叫母海（Female Sea）。母海水产品产量丰富，渔业规模宏大，而公海受季节约束，水产产量最高时也比母海产量最低时少。因此加勒是游客的海鲜天堂，渔民的肥美粮仓。

　　碉堡的上方便是灯塔，城内许多商店都贩卖印着这座灯塔图片的纪念品。雪白的灯塔，被几棵高耸的椰树环绕着，在蓝天绿草的映衬下显得非常可爱。这座灯塔是从前海上丝绸之路航道的最南点，它占据了很重要的地理位置，只要看到这座灯塔，所有往来的船只必须折返往北。

　　灯塔附近有一个私人古董博物馆，店主用 35 年多的时间收集到各种殖民地时期的手工艺品，包括具有当地神话色彩的面具、腰饰、瓷器、雕塑等，踏入店里便仿佛看到了几百年前的加勒。

　　灯塔内部一般不对外开放，如果有幸可以上去参观，实属难得的体验。从内部上灯塔要攀爬很多直上直下的铁梯，对体力颇具考验。登上最高处，可以透过窗户俯瞰加勒全城：辉煌的中世纪建筑群错落布局，悠闲的当地人漫步于鹅卵石铺就的小路上，红顶白墙，碧海蓝天，一派令人迷醉的海岛风情。

铭牌记录了碉堡建造的时间

在塔顶俯视加勒城

National Maritime Museum

海上遗珠的家

斯里兰卡国家海事博物馆

斯里兰卡国家海事博物馆建于1716年，是专门为斯里兰卡的海上遗产展览而设计、建造的。

整座博物馆建筑颜色艳丽，由姜黄色的墙壁、橘红色的屋顶、黑色的木质拱形窗户构成，四周环绕着绿色地毯般的草坪，非常漂亮，在城中显得无比醒目。走近博物馆，可以看到长廊旁整齐地摆放着巨大的古董船锚，斑驳的拱门正上方刻有"1670"的字样。

拱门上的时间令人恍惚，仿佛走过去就会穿越到另一个时空

博物馆姜黄色的外墙

展馆外围还有海锚展示,与斑驳的建筑共同守护着历史

博物馆内的大幅航海主题画作

古石碑记录了郑和到加勒的事迹

帆船模型

博物馆大厅非常宽阔,展示了很多19世纪风格的大幅油画,看似笔触生涩,但用色大胆,造型古朴,妙趣横生。油画作品内容丰富,大多是写实主义,展现的是最真实的当地艺术,比如古代的斯里兰卡人出海远航的场景。当然还少不了与佛教有关的内容,一些描绘佛本生故事、菩提树从北印度到斯里兰卡的情景的画作,也十分吸引人。

主展厅里陈列着大量海底文物,如地图、帆船、绳索、酒杯、陶器、烟袋、火炮、石雕等,这些文物大都来自南部海岸外海沉船,其中一些约有800年的历史了。值得注意的是一块完整的石碑,上面布满细密的中文,记录了中国古代航海家郑和来到加勒的事迹。

主展厅的中央有一个高台,刻着象形文字的展板环绕着它,高台上布置了一个生动的部落生活场景——古加勒人在沙滩上取木生火。大厅内的影音室会播放潜水员深入海底打捞海底文物的影片。

后面的展厅展示了玛瑙项链、珍贵贝壳、彩陶狮子、铜铸佛像、帆船模型等,还有一些描绘在加勒载歌载舞的欧洲贵族。

斯里兰卡国家海事博物馆藏品丰富,是一个深入了解当地历史和文化的窗口。

斯里兰卡国家海事博物馆内自然也少不了古代的石雕佛像

第四章 慵懒惬意斯里兰卡
/ 印度洋上的一滴眼泪

Dutch Reformed Church

哪里都有安放灵魂的地方

荷兰教堂

　　加勒的荷兰教堂，全称是荷兰归正会教堂（Dutch Reformed Church），建立于 18 世纪，由来到加勒的荷兰指挥官卡斯帕·德容（Casparus de Jong，1708—1758）与妻子为了感恩第一个女儿的诞生而捐赠的。

　　教堂原先是一座葡萄牙的修道院，新捐赠的教堂以该修道院为基础做了改建。巴洛克风格的荷兰教堂外部以白色为底，屋顶为橘红色砖瓦。在造型上使用了大量的曲面，凹凸有致的石膏勾勒出简约的线条，轮廓优美，对称平衡。

　　教堂内部没有太多华丽的装饰，只有一些图案简单的彩色玻璃拼花窗，以及一个巨大的天篷——位于教堂左前方的讲道坛上方。在教堂的中央，摆放着从马来西亚运来的东印度乌木制成的布道台，在布道台的一边摆放着一架 1760 年的管风琴。有信仰的人，即使身在异国他乡，有一处心灵寄托之所也是非常重要的。

从加勒乌得勒支碉堡上看到的荷兰教堂

荷兰教堂正面

这里的墓碑纪念着昔日住在加勒的荷兰人

    这里每周日都会有牧师讲道,印度洋轻拂的海风,配合着管风琴的琴声,牧师在讲坛上宣讲着福音,可以想象这是天堂安乐的景象。
    教徒们通常很热情,会主动为游客讲解关于教堂的故事,还特别希望游客多拍几张照片。
    这座荷兰教堂的地面及外墙立满墓碑,它们是昔日住在加勒的荷兰人的墓碑。墓碑都装饰、雕刻得很华丽。它们守望晴空,也守护着加勒这片美丽的海岸。

Stick No Bills Poster Gallery

把锡兰复古情怀带回家

禁止招贴海报画廊

在充满热带岛国风情的加勒古城，浪漫气息非常浓厚，这里有各式各样的艺术小店供人玩赏、闲逛。用椰子壳做的玩偶，扎染的沙滩裙，镇宅驱魔的木雕面具，许多珠宝店甚至会有欢迎游客的中文招牌。

在众多文艺小店中，禁止招贴海报画廊是一个尤为特殊的存在，在加勒古城游逛时难免被它吸引。

画廊位于教堂街，这里是当地文化旅游的黄金地段。一排美丽古老的荷兰风格联排别墅中有

禁止招贴海报画廊大门

各类明信片海报

一个雪白的小楼,棕色的木窗,门前的房檐上挂满了彩旗,门外有个画架,上面写着"Stick No Bills Poster Gallery"。这家画廊专门销售明信片和海报,图案画风非常独特,有复古怀旧的印花与崭新的 TUTU 车结合的图案,或者时尚的欧洲美女与斯里兰卡的乡间风景结合的图案。美丽的卡通手绘斯里兰卡地图也被制作成大幅海报或者小型明信片。这些结合了复古风格与现代旅行元素的海报,令人不禁眼前一亮。

禁止招贴海报画廊的创办人介绍说:"当战争结束后,我们想要做一些对斯里兰卡和我们自己有益的事情……我们想通过艺术讲述关于这个岛屿的故事,把这个非凡国家丰富的遗产和世界各地的自然美景结合,让锡兰的红茶、旅行、战争、电影通过海报艺术运动,把美好的愿景挖掘出来,捕捉过去和现在的斯里兰卡精神,把它传递给更多的人。"

这家画廊的明信片售价不菲,质量很不错,是使用岛上最好的纸张和油墨印制的。这家画廊还为许多奢侈品牌设计、印刷定制海报,包装细节都做得比较可靠,不必担心折损,可以完好地带回家。

加勒交通 Galle Public Transportation

加勒火车站 Galle Railway Station：位于加勒老城外，出老城的城门步行 5 分钟即可到达。斯里兰卡火车进站不报站名，且经常晚点。最好提前和同车的斯里兰卡乘客打好招呼，请他们提醒你下车，以防坐过站。详细路线，可以提前上官方网站查阅 www.railway.gov.lk 。

斯里兰卡的火车分为快车和慢车两种，分别设有一、二、三等车厢，票价都十分便宜，不同等级车厢的价格差别也不大，所以斯里兰卡一等车厢票很早就会售罄，想要买到得趁早。

加勒中心车站 Galle Central：位于火车站旁，板球体育场对面。出老城的城门步行 5 分钟即可到达。

市内交通：加勒城堡区不大，步行一个半小时便可以走遍城堡区的各个角落，城堡内乘 TUTU 车并无必要。

加勒乌德勒支碉堡与灯塔
Point Utrecht Bastion & Lighthouse

- 全天　免费
- Rampart St. 和 Hospital St. 交界处（城墙上）
- 从维哈马哈德维公园步行即可到达
- 灯塔一般不对外开放，只能在外围参观。

斯里兰卡国家海事博物馆
National Maritime Museum

- 周六至周三 7:00—18:00　5 美元
- Queens St，Matara 8000
- 位于老城门附近，步行可达
- 馆内有放映厅，可以观看影片。

荷兰教堂
Dutch Reformed Church

- 9:00—17:00　免费
- Church St. 与 Middle St. 交界处
- 步行可达
- 请正确着装入内。

禁止招贴海报画廊
Stick No Bills Poster Gallery

- 8:00—20:00　免费
- 35 Church Street，Galle 01，Sri Lanka
- 步行可达
- 美丽的招贴画海报可去官方网站 www.sticknobillsonline.com 先睹为快。

加勒古城 Galle Old Town

- 早晨靠近老城门的海滩外有鱼市，有很多新鲜的鱼售卖。

康提 Kandy

Sri Dalada Maligawa
花开花落终有时
康提佛牙寺

康提又名马哈努沃勒，位于斯里兰卡中部，平均海拔 500 米。这座城市由 14 世纪时的康提国王维克拉玛巴胡所建，被群山环绕，易守难攻，非常安全。

康提曾被辛加人的祖先统治长达 2000 多年。

从公元前 3 世纪起，印度佛教在斯里兰卡盛行。公元前 4 世纪，释迦牟尼的佛牙被迎到斯里兰卡。从此，王宫和佛牙寺演变为斯里兰卡的政教中心。

1592 年，斯里兰卡定都康提，王宫和佛牙寺也修建于此。16 世纪至 18 世纪，葡萄牙、荷兰、

雨中的康提

佛牙寺门口的白色花岗岩台基，不时有随意游荡的小猴子从上面跑过

英国相继占领了斯里兰卡沿海地区后，康提因其群山环绕的地理优势，殖民者虽然船坚炮利，却奈何不了它，这为康提创造了休养生息的条件。

背靠着康提，斯里兰卡人民抵御殖民侵略者长达300多年，直到1815年被英国人征服。许多英式风格的大楼在康提拔地而起，康提城区不断地向外扩张，逐渐发展为斯里兰卡第二大城市。1988年，康提被列入《世界遗产名录》。康提是僧伽罗王朝的最后一个都城，现在这座历史悠久的古城仍然是僧伽罗文化、建筑、音乐、绘画、舞蹈的宝库，古城的许多角落仍然保留着历史的印记。

斯里兰卡最大的河流马哈韦利河流经康提，站在城市中心眺望，四周是连绵起伏的群山，雨季的康提在绵绵细雨中颇有点江南水乡的味道。

佛牙寺建于15世纪，经过康提历代国王的扩建，如今显得格外宏伟气派。该寺庙建在高约六米的白色花岗岩台基上，远远望去整个寺庙像是腾空一般。

进入庙门后，可以看见一大片绿地，穿过绿地就到了主殿门外，主殿就要脱鞋入内了。

寺庙内有大殿、长厅、鼓殿、博物馆、大宝库、诵经厅等。大殿位于寺庙的中心，大殿内的木雕、象牙、浮雕上的内容都来源于佛教故事。大殿的中央有一尊巨大的佛像，佛像两边是由象牙做成的半拱形，据说抚摸象牙会带来好运。

二层内殿是佛牙寺的核心，正中央供奉着一尊巨大的坐佛，左侧旁边便是供佛牙的暗室。暗室中有一座纯金打造的佛塔，塔中套塔，总共有7层，金塔表面镶嵌了585颗蓝宝、75颗珍珠，以及许多其他珍宝。最里面的那层金塔的顶端镶着一颗钻石，相传最内层的塔内有一朵金色的莲

第四章 慵懒惬意斯里兰卡
/ 印度洋上的一滴眼泪

大殿中央的佛像

寺内精美的壁画

花，莲花芯里有一个玉环，佛牙就被供奉在玉环的中间。

　　普通人可能永远无法目睹佛牙，只能看到佛塔。虔诚的信徒虽不能看到佛牙，但是虔诚地跪拜金塔，那份充满荣耀与激动的心境却让他们永生难忘。或许这份信仰才是真正给予这片满目疮痍的土地上的民众最好的期许，它让受伤的斯里兰卡人始终有一张可以让心灵休憩的温床。

　　据佛经记载，佛祖涅槃后一共留下了四颗牙齿，一颗在三十三层的天上，一颗在龙宫，另有两颗留在了人间，这两颗佛牙分别在犍陀罗国和羯陵伽国。其中羯陵伽国的佛牙于公元370年由逃难的佛牙城王子陀多偕王妃稀摩梨密藏于发髻中，带到锡兰；一颗传到乌苌国（今巴基斯坦境内），乌苌国的佛牙后又传到了于阗（今新疆和田县），后僧人法献从于阗带回中原，辽代丞相耶律仁先之母燕国夫人郑氏在北京建了一座千佛塔，将这颗佛牙供奉在塔内。后来八国联军攻占北京，千佛塔毁于炮火中，然而僧人在整理塔基时发现了未被毁坏的佛牙。后中国在千佛塔的原址建了一座十三层的佛塔，用以供奉佛牙舍利。

　　走出佛殿，在寺内可以看见一头被圈养的大象，还可以看到工作人员给大象穿衣服——将镶着各种金丝银线以及宝石的方巾盖于象背上。据当地人说，这头大象便是传说中的"象王"，也是佛牙节游行的主角。驮着佛牙游行是一件功德无量的事，因此大象也一直被当作寺庙的珍宝来对待，人们将其供养在寺庙中，由寺中僧人来照料。年迈的大象去世以后，人们还会在佛牙寺为

佛牙寺内精美的房梁装饰

佛牙厅

被圈养的象王

信徒供奉油灯的地方

第四章　慵懒惬意斯里兰卡
/ 印度洋上的一滴眼泪

从佛牙寺上望出去看到的景色

其修建陵墓，墓前也时常会有供品出现，当地艺术家为了表示感激，还特地为大象制作了标本。

当你置身于这个佛国圣地，看到周围人手捧莲花双手合十向佛祖祈祷，会恍然明白信仰的力量，明白内心的希望与祝福原来可以不受环境影响，不论是战争还是贫困，大家始终团结在一起共同面对。美丽的花朵不紧不慢地绽放在寺庙和山头，它们就跟斯里兰卡的民众一样，知道花开花落终有时，只是静守着属于自己的一片净土。

佛牙节

斯里兰卡人民对佛牙的崇拜已经有1000多年的历史了，佛牙在这里有举足轻重的地位。新当选的总统要对佛牙朝拜，就如同美国总统宣誓就职时要手按《圣经》一样，民众祈求和平安康的时候也要向佛牙朝拜，子女诞辰的祝福亦如此。不论是总统还是普通民众，在朝拜的时候都要着盛装，以示对佛祖的虔诚。

康提最盛大的节日便是佛牙节，佛牙节庆祝活动于每年的7月底至8月初举行，历时10天。佛牙节当天，人们都盛装站在街道两边，傍晚时分，佛牙寺旁，低沉的号角此起彼伏地响起，12人组成的鼓乐队和24人组成的舞蹈队着传统服装，身上挂满了挂饰，带领着大象群缓缓地向人群走来。大象的服装显得更为华贵：象头披挂着镶嵌着宝石的方巾，在灯光的映照下显得格外耀眼，为首的大象背上驮着一座黄金宝塔，塔里面放着佛牙舍利，大象经过哪里，哪里的人群便虔诚地朝拜。

浩浩荡荡的大象群中，除了领头的大象外，其他大象背上都坐着一个穿民族服饰的人，有的装扮成战士，有的装扮成贵族，披金戴银，显得格外威严华贵。在人群的簇拥下，这场朝拜佛牙的仪式更像一场狂欢，到处一片欢腾，像极了中国的新年。

Kandyan Art Association and Cultural Centre

舞动生命之源
康提文化艺术中心

佛牙寺的旁边便是康提文化艺术中心，这里每天都会有康提传统舞表演。

康提舞是康提地区部落村寨举行宗教仪式时祈神者的舞蹈形式，从文化的定义上说，是斯里兰卡历史最悠久的舞蹈，是康提传统文化的精髓，是僧伽罗族文化的标志，是一种从自然崇拜衍生出来的艺术。

康提舞有两大类：一种是敬神祈福的冈加里舞蹈，例如向诸神献上烛灯致敬的婆加舞，舞者佩戴着太阳之神或王者的面具的舞蹈；另外一种

康提文化艺术中心的舞蹈表演

康提文化艺术中心

第四章 慵懒惬意斯里兰卡
/ 印度洋上的一滴眼泪

康提文化艺术中心的舞蹈表演

是模拟动物的瓦纳姆舞蹈。瓦纳姆舞蹈最早出现于18世纪纳林德拉辛诃王时期，它以传统的康提舞为基础，并吸收了印度南部的舞蹈元素，是古代斯里兰卡艺术家长时间地观察、体验大自然之后创造的。瓦纳姆舞蹈会通过浪漫夸张的艺术手法模拟动物的外在特征，并将动物的性格拟人化，有蛇舞、象舞、兔舞、猴舞、马舞、雄鹰舞、蝴蝶舞、孔雀舞等18种。每种瓦纳姆舞蹈都有自己的节拍和固定的程式，按音乐的顺序可分为六段。可以说，瓦纳姆舞蹈已经不只是舞蹈了，它是舞蹈、诗歌和音乐的合成体，具有很高的艺术性。

康提文化艺术中心的舞蹈表演源自1996年，节目类型大致分为康提舞（Kangdyan Dance）、萨伯勒格穆沃舞（Sabaragamuwa Dance）、恶魔舞（Devil dance）、现代舞（Modern Dance）、火舞（Fire Walking）等。

康提舞女身着各种彩色纱丽或者传统舞服，大多裸露腰部，上身衣饰修身，下身宽松，妩媚多姿，生动灵巧。男舞者则赤裸上身，结实有力，佩戴着各种银器饰物钩织而成的锁甲，腰间围着宽大如同小裙摆的彩色腰带，下身穿柠檬黄色或白色阔腿裤，手臂的每个关节都戴着银饰。他们头戴缀满金银装饰的帽子，帽子顶端有一条长长的飘带，随着舞姿摆动。

康提舞的伴奏以橄榄形的长鼓为主，为了能产生两种不同的鼓声音调，鼓的一面用猴皮制成，另一面用牛皮制成。由几位赤裸上身击打腰鼓的舞者操控，一边舞动一边打鼓，鼓声清脆响亮，节奏感极强。在音乐伴奏下，舞者们身姿灵活，刚劲有力，手指和手腕柔和舒展，手眼相应，表情丰富，舞姿和谐优美，富有感染力。

舞蹈表演的尾声是舞者拿着火把喷火，然后在剧场的中央位置将燃烧着的炭火在地上铺满，舞者于鼓声中赤脚在炭火上行走，像极了中国的杂技。走炭火源自斯里兰卡古老的传说，相传国王瑞瓦纳抢了印度公主回到斯里兰卡，后来她的前夫当上了印度国王，又用武力将公主夺回，公主为了证明自己不曾被玷污，向上天发誓，如果她在炭火路上没有被烧伤，那么她就是贞洁的。后来这一形式逐渐演变成了康提舞的一部分。

康提交通 Kandy Public Transportation

康提城区不大。这里没有机场，火车站（Kandy Railway Station）靠近康提湖。可以在这里的售票处窗口购买十天之后的车票。康提 Goods Shed 长途汽车站位于火车站旁的拐角处，斯里兰卡的客车都是客满即发车，上车后买票。

康提佛牙寺 Sri Dalada Maligawa

- 开放时间：6:00—17:00　礼拜时间：5:30、9:30、18:30
- 门票 1000 卢比，拍照需另付 300 卢比
- Sri Dalada Veediya，Kandy
- 从汽车站或火车站步行 10 分钟即可到达（佛牙寺位于康提城中的康提湖旁，康提城区不大）
- 进入寺庙要经过严格的安检，女性的下装必须过膝，且不能穿无袖上衣入内，男女分开安检通过后才能进入寺庙。

康提文化艺术中心
Kandyan Art Association and Cultural Centre

- 每天 17:00—18:30 有演出
- 500 卢比
- No-68，Sangaraja mawatha.Kandy，Sri Lanka
- 建议搭乘 TUTU 车前往
- 前排通常预留给了旅行团，建议提前 15 分钟入场以便找到好的观赏位置。

第五章

Cambodia
灿烂遗珠柬埔寨
热带丛林中的东方奇迹

柬埔寨建国于公元1世纪下半叶，历经扶南、真腊、吴哥等时期。9—14世纪的吴哥王朝为鼎盛时期，国力强盛，文化发达，创造了举世闻名的吴哥文明。吴哥王朝在9—15世纪先后有25位国王，疆域延伸至中南半岛和孟加拉湾之间的大片土地，领土涵盖今越南、老挝、柬埔寨、缅甸、泰国及马来西亚。可以说，吴哥王朝拥有了几乎整个东南亚的领土。在强盛国力的支撑下，吴哥王朝的历代国王大肆修建寺庙宫殿，建造了吴哥城等600多座印度教与佛教风格的寺庙神殿。15世纪，吴哥王朝逐渐没落，暹罗军队入侵了这个帝国的心脏——吴哥，占领并洗劫了整个都城，然后将这个城市废弃，热带丛林的植被急剧生长，慢慢地将城市湮没，使它逐渐消失在人们的记忆中。

1861年，法国生物学家亨利·穆奥（Henri Mouhot，1826—1861）为了寻找珍稀植物标本，扎进了暹粒的热带森林深处。他无意中发现了一座异常雄伟的神庙，神庙内部尽是精美绝伦的浮雕，无论大象还是仙女，都栩栩如生。穆奥对这座神庙进行了勘查，发现周围还有很多类似的神庙，于是吴哥古城遗迹的轮廓渐渐地清晰起来，最终确认这座古城就是曾经的吴哥城，现在被称为"大吴哥"，城中心那座雄伟的神殿就是吴哥寺，也就是今天的"小吴哥"。三年后，亨利·穆奥将其对吴哥古城的考察著成书在欧洲出版，他在书中毫不吝惜对吴哥古城的赞美之词，将其与古希腊和古罗马的遗迹进行对比，甚至直言，当他走出吴哥神庙、回到俗世的文明中时，有种从文明世界堕落到野蛮之地的感觉。此书出版后，很多人都质疑在欧洲殖民地竟存在可以与古希腊和古罗马比肩的文明。后来，法国的摄影师艾米尔·基瑟尔（Emile Gsell，1838—1879）根据书的指引来到了吴哥古城，拍摄了大量的照片，这些照片一发表就震惊了世界。1992年，联合国教科文组织将吴哥古城遗址列入《世界遗产名录》。至此，吴哥古城、中国万里长城、印度泰姬陵和印尼的婆罗浮屠被并称为"东方四大奇迹"。

Angkor Wat

"众神"居住的地方

吴哥窟

　　印度教大约在公元前3世纪至公元2世纪从印度流传入柬埔寨。柬埔寨吴哥王朝的首位国王苏利耶跋摩二世（Uryavarman II，？—1150）集全国之力，修建一座印度教庙宇。历时35年，吴哥窟终于完工，而此时民众已经开始信奉佛教。与众不同的吴哥窟，不是一般的东方寺院，而是一座宏伟的太庙，它既是国王生前的宫殿，亦是死后的皇陵，也是世界上最大的印度教神殿。印度教相信，统治人间的国王是毗湿奴（Vishnu）的化身，国王死亡后便会升天与毗湿奴合为一体。吴哥窟在梵语里是"寺庙的城市"，它留给柬埔寨的不仅是一群奇迹般的建筑，更是一幅历经历史变迁的遗像。

　　毗湿奴是印度教的三相神之一，由创造者梵天（Brahma）、保护者毗湿奴和毁灭者湿婆（Shiva）构成宇宙的各个部分。毗湿奴通常身着王者衣冠，靛蓝肤色，佩戴宝石和粗大的圣线花环。他有四只手臂，分别持掌法螺、轮宝、莲花、神弓或宝剑，乘骑迦楼罗或端坐在莲花台上。毗湿奴性格温和睿智，对信众施予恩惠，常化身成各种形象拯救危难的世界，所以也被称为幻惑天王。

　　作为世界上最大的庙宇，吴哥窟神殿的建筑面积有195万平方米，一共使用了30亿吨石头，这工程量着实让世人瞠目结舌。置身吴哥窟的顶上俯视整座古城，顿觉城邦渺小，人如蝼蚁。

　　从建筑布局来看，吴哥窟就像一个宇宙：太古时期的海洋和斫迦罗山环绕着主峰须弥山，神就居住在须弥山。

　　进入吴哥窟要经过一条穿过护城河的引道，七头蛇神娜迦（Naga）的雕像在引道的入口矗立着，守护着天界的安宁。踏上这条又长又宽的引道，慢慢地走向象征天界的另一端，就像在经历洗涤、净化，浮躁的情绪慢慢沉静，这似乎是

七头蛇神娜迦的雕像矗立在护城河的入口

十字王台

进入天界的必要条件。

　　护城河的堤岸由颗粒感十足的砂岩石板拼接而成,在阳光的照射下,砂岩石板里的小颗粒都泛着光彩。正午时分的吴哥窟非常炎热,石板路被晒得发烫,护栏外的护城河在烈日下波光粼粼,蓝天白云映衬着宏伟的建筑,景色美得令人动容。走在这条宽阔得可以让两头大象并排走的引道上,恍惚间耳边人声鼎沸,皇家出行或将士凯旋时浩浩荡荡的阵容行进在引道上,正要穿城而过。时间,只是流逝,从未消失。

　　引道的尽头便是堤道,堤道两旁是对称而建的两座图书馆和两个莲花水池,一水池满溢,一水池干枯。每天清晨都会有无数游人聚集在此处观赏日出：红色的太阳从寺庙后面缓缓升起,塔尖倒映在水塘里,十分美丽。游客们备好"长枪短炮",在这里守候,就是为了捕捉这个极具代表性的场景。

　　沿着堤岸继续往前走,便来到了十字王台。相传这座王台是国王用来迎接对帝国有功之人或者接待外宾的表演台,王台两边各有一只巨大的石狮守护。不论是台基还是台基上的王台都是对称的,呈十字锯齿形,蕴含着古典美。

　　十字王台的尽头是吴哥窟的中心建筑群,建筑群由三个方形平面构成,这三个方形平面依次缩小,形成大中小三个层级,每一个层次在地势上都要比前一个层级更高。为了凸显神庙的神圣,

吴哥寺中心建筑群

这三个空间内的神庙均以陡峭的石板台阶相连,每一级台阶都十分狭窄,游客必须虔诚地匍匐着手脚并用才能到达庙的主塔。

相传神庙最高的主塔里面原先供奉的是毗湿奴,国王改信佛教后便改供奉为释迦牟尼,所以人们现在看到的是佛像。佛像面前摆放着香烛与莲花,不时会有虔诚的游客跪拜在佛像前,嘴中念念有词,似乎在祈福。人们在艰难地登上吴哥窟的主塔后都不免心怀感动,似乎这一朝拜的过程本身就是一段修行。

建筑群的中心有五座佛塔,样式类似于佛教密宗的金刚宝座塔。大殿位于纵轴线的交点上,台基十分高大,足有好几十米。台基上均有雕刻,与回廊内壁和石墙窗楣栏杆上的浮雕内容取材基本是一致的,主要是有关毗湿奴的故事。

石雕将《摩诃婆罗多》《罗摩衍那》及印度教神话《乳海》的故事重现,另外墙面上亦有吴哥王朝普通民众的生活场景,如手工业者劳动、出行等。围绕主殿第一层台基的回廊长达800米,墙高两米,整个壁面上均是浮雕,东面的墙壁上是"乳海搅动"图。相传天神们为了永葆青春,一致同意天神和阿修罗用抱着大蛇的身体一起搅拌乳海,从中得到长生不老甘露。

北面墙壁上的浮雕描绘的是"毗湿奴大战阿修罗"图,西面的墙壁刻画的是猴王哈努曼的军队大战群魔的故事——因罗摩的妻子喜妲被十几

从主塔俯视全景

阶梯非常陡

主塔内的释迦牟尼雕像

一层回廊内景

二层回廊内景

第五章 丛林遗珠柬埔寨
/热带丛林中的东方奇迹

布满浮雕的回廊墙面雕刻，描绘的是猴王哈奴曼大战群魔的故事

三层回廊

个恶魔掳去，罗摩请来诸神帮助他，浮雕上的罗摩骑在神猴的身上，指挥着军队。

　　南面墙壁西半部分的浮雕描绘的是吴哥窟的缔造者苏利耶跋摩二世骑着大象出征指挥战斗的故事。这些浮雕手法娴熟，场景宏大多变，人物众多且都栩栩如生，用重叠的层次来突出深远的空间。站在这刻画着史诗故事的墙壁旁，突然想到《清明上河图》，同样有那么多精湛的人物刻画和场景描绘，艺术家们用高超的技艺留住了时间，供后人慢慢品味和欣赏。"回廊"在英语里是 Gallery 这个单词，而不少美术馆、画廊也使用这个单词，对于吴哥窟来说，这里也是展示吴哥王朝最高艺术造诣之地。

　　据说，苏利耶跋摩二世为了吴哥窟的顺利完工，在全国范围内征调能工巧匠。这一宏大的建筑群全部用粗糙的砂岩堆砌而成，坚实牢固，浑然一体。正因如此，吴哥窟虽然被暹粒的热带丛林所掩埋，却历经数百年依然不朽，重见天日之时仍旧保留着原先的样子。

苏利耶跋摩二世骑着大象指挥军队的场景

Gate of the Angkor Thom

遇到高棉猴家族

通王城门

吴哥王朝的国都通王城也被称为"大吴哥"。

通王城呈正方形,边长 3000 米,由 8 米高、3.8 米厚的石头城墙保护着,城墙外有护城河围绕着。

在进入都城之前,远远便会看到高大的石城门,城门呈塔形,塔身上雕刻着面向四方的国王头像,他就是通王城的筑造者——阇耶跋摩一世(Jayavarman I,生卒年不详),头像象征着眼观六路、耳听八方的四面佛菩萨。

全城有五座城门,东西南北方向各有一座城门,在东门的北面还开了一座胜利之门。

每座城门外各有一座桥,连接城内外,桥

通王城外的道路林荫密布

通王城门上的四面佛

第五章　丛林遗珠柬埔寨
/热带丛林中的东方奇迹

27 尊天神

27 尊阿修罗

骑着自行车游览吴哥窟可以更清楚地欣赏沿途风景

沿途随时可见憨态可掬的高棉小猴子

两侧各有 27 尊雕像,它们表现的依旧是与《乳海》有关的印度教神话故事。这些雕像 2.5 米高,跪坐着,若仔细观察雕像的面容,可以分辨出它们的身份:眼睛细长、表情含蓄的是以湿婆为首的天神,怒眼圆睁、表情凶恶的是魔鬼阿修罗。

在前往城门的路上,会遇见许多野生的猴子,可爱的高棉猴子并不怕人,一定要停下来与它们打声招呼。它们毛色亮丽,身手敏捷。

有刚出生没多久、毛发稀疏的小奶猴,也有主动向路人讨要食物的猴子爸爸。它们会自己剥橘子和香蕉吃,抱着矿泉水瓶喝水,会在马路边的落叶丛中惬意地睡午觉。这些可爱的小猴子深受当地人的喜爱。与充满灵性的动物如此近距离地相处,是非常难得的体验。

Bayon
微笑的神秘面容
巴戎寺

巴戎寺，举世闻名的"高棉的微笑"就在这里。

巴戎寺是阇耶跋摩七世（Jayavarman VII，约1125—约1220）在晚年为自己重整修建的寺庙，位于大吴哥的中心位置，远远望去会觉得外观与吴哥窟很相像。

阇耶跋摩七世是一位颇具传奇色彩的国王。他曾有三次做国王的机会，但前两次他都放弃了。阇耶跋摩七世是国王耶输跋摩二世的哥哥，他们的父王去世后，吴哥王朝陷入了混乱。期间爆发了农民起义，由于权臣发动了叛乱，国王耶输跋摩二世在这场叛乱中失去了性命。新国王登基不久，占城国王又带兵入侵，杀王屠城。

没过几年，占城国王再次举兵入侵，年近六十的阇耶跋摩七世登基，他眼见外敌入侵，国土沦陷，生灵涂炭，起兵抵御前来的占城军队，击退了敌军，乘胜攻占了占城都城，并在13世纪初将占城收为吴哥的一个省，此时吴哥王朝的首都吴哥城在他统治下才最后成型。阇耶跋摩七世执政时期，凭借自己的谋略与胆识，逐步将破败之国发展成为一个统辖54个省的强大帝国。

这位国王活到了90岁，他既见证了苏利耶跋摩二世的辉煌鼎盛，看到了吴哥窟的兴建，也经历了权臣叛乱和外敌入侵，并且在满目疮痍的土地上重建辉煌。作为国王的长子，他没有继承父亲的王位，却眼见继承王位的弟弟在战乱中死去。生与死、繁荣和破败，在他的眼前交替浮现，

巴戎寺远景

第五章 丛林遗珠柬埔寨
/ 热带丛林中的东方奇迹

石台上有人用碎石垒成小塔祈福

寺内回廊

从内部仰望塔顶

晚年的阇耶跋摩七世改变了信仰，从印度教门下改信大乘佛教，过往贪嗔痴的执念都沉淀下来，逐渐幻化成了脸上似笑非笑的神秘面容。

巴戎寺整个建筑共分为三层，第一层和第二层是正方形的，第三层是圆形的，每一层的外侧墙壁上都刻有浮雕。这些浮雕刻画的主题主要是12世纪高棉人与占城人进行战争，阇耶跋摩七世率兵打败占城国王的故事。整幅浮雕画卷像一部缓慢进行的电影，一帧一帧地往前推进：士兵赤裸上身，手持长矛与弓箭，在浓密的丛林中与占城士兵打仗，冲在前面的高棉士兵将长矛插到占城士兵的身体……除此之外，亦有生活场景，如泥陶工人制作陶器、百姓斗鸡取乐，等等。

从远处看巴戎寺时可能会以为它只是普通的金字塔形的寺庙，走近了才看清，原来每个塔身上都有四面佛像，各代表慈、悲、喜、舍，世间万象竟归于这四字。虽无定论，但据说这些四面佛就是阇耶跋摩七世安详的面容。

在巴戎寺的四周有49座大小不一的佛塔，四面佛也遍布这些佛塔，这些塔众星捧月似的簇拥着巴戎寺，象征民众围绕着国王阇耶跋摩七世。

身处巴戎寺的任何一个角落，游客都会发现浮雕带笑的眼睛注视着自己的一举一动，这些佛像面带安详的微笑，便是著名的"高棉的微笑"。

第五章 丛林遗珠柬埔寨
/ 热带丛林中的东方奇迹

寺内释迦牟尼佛像

"高棉的微笑"

第五章 丛林遗珠柬埔寨
/ 热带丛林中的东方奇迹

描绘仙女妙曼舞姿的浮雕

寺中最高的佛塔

Phnom Bakheng
地老天荒，看夕阳

巴肯山

巴肯山是在吴哥窟西北 15 千米处的一座小山，在大吴哥通王城的南部。巴肯山高约 70 米，因为四周地势平坦，没有其他山丘，巴肯山便成了吴哥制高点，看似不高，但攀爬起来却不容易。

约 9 世纪末，耶输跋摩一世（Yasovarman I, ？—910）迁都至此，建了一座王城，由于印度教崇拜高山，象征王权、神权的巴肯山便成了建立国家寺庙的不二之选。国王在山顶上祭拜神明，协调天、地、神、人的关系，通过这个活动完成神圣的加冕仪式。

巴肯山顶上的巴肯寺是一座历史十分悠久的寺庙，寺中供奉着湿婆神。巴肯寺的建筑风格与

巴肯山日落

欣赏完惊艳的日落后游客们有序离开

印度尼西亚婆罗浮屠大塔相似,整个建筑是一座曼陀罗坛场,建造得十分考究,充满了象征符号,吻合印度教经典。

整个寺庙由七层平台组成,以此代表古印度神话中的上界天国七重天,其最上层的高塔用来代表古印度神话中的宇宙中心——须弥山。寺庙中共有 109 座塔,按严格的几何图案对称建造。除中央高塔外,下面五层共有 108 座小塔,用来代表新月、上弦月、满月、下弦月四个月相的 108 天。印度教认为,108 是宇宙中最圆满的数字。

如果仔细观察,你会发现从任何一面的中轴线上看巴肯寺,都能看到 33 座塔,它们代表的是须弥山上的 33 位神。

在巴肯山上,可以俯瞰当年吴哥古城的全景。现在巴肯寺虽已十分破败,乱石堆砌,主殿位置只能看到当年寺庙的基座,但主殿附近两尊巨大且威严的石狮依然挺立,可以想象当年作为国家寺庙的巴肯寺是多么的雄伟。

登上山顶便可"一览众山小",西边是广阔的西池,向南可以远眺洞里萨湖,东南方有丛林中的吴哥窟,丛林中高耸的塔尖非常迷人。傍晚日落是这里的必看之景。站在两尊石狮旁,面向霞光,丛林在不那么耀眼的橘红色光芒照耀下,好似披了一层水一样的薄纱,不时会有鸟儿突然飞出丛林。这古老的山林在日落的刹那安静下来,复归于时间的恒流之中。

Preah Khan
爸爸的藏剑阁
圣剑寺

12世纪时，阇耶跋摩七世为纪念他的父亲，修建了圣剑寺，寺名来源于吴哥开朝国王给继承人传授圣剑的传说。这是一座兼具学院与寺庙功能的建筑，在通王城还在修建时，这里也是国王的临时住所兼书院。

圣剑寺的规模十分宏大，格局方正，寺庙主体由长800米、宽700米的矩形围墙环绕，有四条路可以通往圣剑寺的大门，圣剑寺的大门与

圣剑寺东边的入口

寺内的回廊

布满青苔的石柱

跳舞女神阿普拉莎

与古老的参天大树融为一体的遗迹

蛇身狮面象鼻的神兽摩加罗是恒河女神的坐骑,象征陆地与水域的连接,拥有神秘的力量,从它的嘴里可以吐出各种生物

寺内的迦楼罗神像

中央殿堂内的浮屠石塔，是圣剑寺中最珍贵的宝贝

通王城门一样有石像描述着"搅动乳海"的印度史诗。

圣剑寺主体建筑呈十字形，中心是中央圣堂，东西南北四侧的拱顶长廊延伸至主塔，每侧入口有19道门。长廊的空间自外向内逐步缩小，门的宽度逐渐加厚，高度变低。圣堂的中心有安放骨灰的佛塔。如果想进入主殿，就要放下身段低头前行，由如此谦卑的动作，会使来者油然而生敬畏之心。圣剑寺设计得如此用心，不难看出阇耶跋摩七世对父王的敬重。

在圣剑寺东边的入口处有一座两层建筑。这座建筑非常独特，相传是用来存放圣剑的，它的圆形支柱与希腊风格相似。建筑内竟没有通往二楼的阶梯，也不晓得先人是怎么上去的。

圣剑寺内有许多坍塌的石块，石壁也因年代久远布满了青苔。古老的参天大树，木棉树冠遮住头顶的天空，树根从土壤中四处突起，与圣剑寺融为一体，见证了历史的沧桑变幻。

东门外有一片广阔的沼泽,当地已修筑了平台,方便人们观赏

第五章 丛林遗珠柬埔寨
/ 热带丛林中的东方奇迹

刻有阿普莎拉形象的圣殿

Ta Prohm
妈妈的仙女殿

塔布笼寺

  提到塔布笼寺，不得不再次说起阇耶跋摩七世，这座寺庙是阇耶跋摩七世为母亲建造的。许多人知道这个寺庙，恐怕还要拜电影《古墓丽影》所赐，但是现实中的场景却比电影上展现的宏伟得多。

  塔布笼寺位于吴哥窟南部大约 30 千米处。根据史料记载，这座寺庙原先长约 1000 米，宽约 600 米。因为寺庙是阇耶跋摩七世为母亲建造的，所以殿内供奉着智慧女神，女神的面容是参照母亲的长相雕刻的。

  这座寺庙被法国人发现时已残破不堪，巨大的古树根部覆盖了整个寺庙。当初法国人对吴哥建筑群进行修复的时候，对塔布笼寺的情况束手无策：树根与寺庙紧密地结合在了一起，即使采用现代的技术，也不能保证把树木移除而不影响寺庙，且无法确认古树是否可以继续生长，所以只能进行简单的修复。或许世界各地的游客来到塔布笼寺，都会希望看到这座与大自然神奇地结合在一起的寺庙，这是大自然与人类文明的一次拥抱。

  塔布笼寺在东西南北四个方向都有门廊。北面的门廊上有六臂毗湿奴的浮雕。从东面门廊走进去，要经过一条红砂岩回廊。回廊上有大量技艺精湛的浮雕，雕刻的仙女是阿普莎拉。她戴着手环和脚环，舞动着丰腴的身体从被搅拌的乳海中走出，为天神们带来了

第五章 丛林遗珠柬埔寨
/ 热带丛林中的东方奇迹

用竹子制作的仙鹤挂饰

雕花石柱

寺内破损的佛像

巨大的古树根部覆盖了整个寺庙

塔布笼寺入口

永葆青春的甘露。

　　塔布笼寺的回廊、列柱、窗户上均有阿普莎拉的身影，她裸露着上身，扭动着柔软的腰肢，面带微笑，姿态各异，玲珑生动。阿普莎拉的优美舞姿也是柬埔寨传统舞蹈的动作来源，柬埔寨人民通过舞蹈表达了对先祖和神明的无限敬意。有趣的是，佛教与印度教渊源颇深，阿普莎拉的形象和寓意到了佛教中，就变成了敦煌壁画上的飞天仙女。

Neak Pean
蟠龙池水的奥秘
涅槃宫

涅槃宫建于 12 世纪，它的英文名字 Neak Pean，翻译过来是"缠绕的巨蛇"，因岛上的巨蛇王像而得名，人们也爱称它为"龙蟠水池"。涅槃宫当时是一座疗养所，也可以算是一个大型医院，是阇耶跋摩七世在位时为了民生建造的公共工程之一。

涅槃宫地势平坦，周围没有高大的建筑物，就连树木也比别处的要小一些。进入涅槃宫需要走过一条木质的引道桥，桥的四周是一望无际的池塘，池塘里枯木相依，植物丛生，在蓝天白云的衬托下，颇有几分神秘感。

引道的尽头就是涅槃宫，它由一个大水池和

涅槃宫附近古老的地貌保存得十分完好

进入涅槃宫的引桥

四个小水池组成,水池之间有雕塑相连,东面为人,南面为狮,西面为马,北面为象,池水可通过石像流出。因为这里曾经是医疗沐浴的场所,据说当时大水池底部种满了各种珍贵的草药,雨季来临,池水涨满时,草药被雨水浸泡,药水就会相继流入小水池中。古人认为这四个小水池里的药水具有不同的疗效,浸泡其中便能疗伤治病,甚至还能洗去灾祸和罪恶。出水口上方的屋顶还雕刻着诊治病人、按摩理疗的场景呢。

大水池中央的小岛上有一座模仿须弥山而建的石塔寺庙,石塔的底座是直径长达 14 米的圆形台基,台基一共有七层,从低到高逐渐缩小。石塔上雕刻着两条缠绕在一起的巨蛇娜迦。娜迦在印度语中是蛇的意思,同时也代表人首蛇身的神。传说娜迦除了拥有剧毒和再生的能力外,更被人们当作掌管生死的神灵来崇拜。在吴哥窟的很多地方,都会看到娜迦的雕塑。蛇神喜欢居住在水中或地下,拥有可以照亮黑暗地界、驱赶魔的珍贵宝石。所以涅槃宫由娜迦来掌管、守护最合适不过了。

小岛东侧还有一组非常有趣的白马雕像,白马雕像前以及两侧都围绕着获救的人,马背上却没有人。相传古时候常有出海经商的人遭遇海难,菩萨看到落难的商人便会幻化成一匹白马,将落难的人从海上驮起来。菩萨化身的飞马最先救起一位商人,其余的人则抓住马身、马腿或是马尾巴,这时菩萨化身的飞马告诉获救的商人说:"我会把你们驮到岸上的,但你们必须闭上

石塔寺附近的水池

眼睛,否则会被魔鬼带走。"其余人都闭着眼睛,唯独马背上的商人中途偷偷睁开了眼睛,于是他从马上摔了下去。所以后人建造的石雕飞马,马背上始终是空荡荡的。

菩萨塑像前摆放着人们供奉的荷花

Ta Som
将军庙与参天蛇树
塔逊寺

塔逊寺近景

离开涅槃宫向东走不远，会看到一座内有乾坤的将军庙，它就是塔逊寺，也称塔逊将军庙。同塔布笼寺一样，这里也是电影《古墓丽影》的主要取景地之一，但相较之下，这里更为清幽僻静。

Ta Som，Ta 在高棉语中是对长辈的尊称，Som 是人名。当年占婆族侵犯吴哥，阇耶跋摩七世率兵驱逐，在抗击外敌的过程中，塔逊将军功不可没。阇耶跋摩七世登上王位后，为了感谢并纪念帮助他打天下的塔逊将军，建造了塔逊寺。

塔逊寺建于 12 世纪下半叶。东西两侧各有一个入口，是呈十字形的石塔门，石塔上四面均刻着阇耶跋摩七世的肖像。吴哥有很多大小不一的寺庙，如果大门上刻有四面肖像的塔，这座神庙就是阇耶跋摩七世修建的，比如巴戎寺、塔布笼寺、圣剑寺等，很容易辨认。

塔逊寺中有一个奇特的景观：四周被高大的卡波克树（Kapok）包围。这些树木生命力极强，无所不在，与庙宇浑然一体。卡波克树也被当地人称为蛇树，它们粗大的根茎浓密发达，延伸到屋顶、房梁、回廊和门窗。

最夸张的是东塔门，无花果树和木棉树盘根

寺外盘根错节的卡波克树

树根间隐约露出的迷你佛像群

阇耶跋摩七世的雕像

精美的人像

第五章 丛林遗珠柬埔寨
/ 热带丛林中的东方奇迹

错节地附着在断壁残垣上,建筑与丛林你中有我、我中有你,像被吞噬一般,隐约还露出一些迷你佛像。

这种奇特的融合如今已成为塔逊寺的一大特色,树木与遗迹共生,无法分开,是世界非物质文化遗产中自然与人文建筑的完美结合,令人不禁感慨大自然的力量与人类智慧的伟大。

破损的断壁残垣依然精美绝伦

第五章 丛林遗珠柬埔寨
/ 热带丛林中的东方奇迹

Pre Rup
皇族最后的归宿
比粒寺

比粒寺建造于公元 961 年，由罗贞陀罗跋摩二世（Rajendravarman II，？—968）下令修建，是古代皇族举行火葬仪式的地方。寺庙为典型的须弥山式建筑，使用的建筑材料与塔逊寺相似，由红砖和巨大的石块组成。

当时的人们信仰印度教，相信教义中的善恶轮回，认为尸体火化后会转换成另一个生命。古代皇宫贵族生来高贵，去世后自然是希望肉身火化后变幻为神，以求进入永恒的圣殿，所以比粒寺的另外一个名字叫变身塔。按柬埔寨风俗，人

进入中央殿堂的石门

可爱的守护石狮

逆光下的比粒寺

第五章 丛林遗珠柬埔寨
/ 热带丛林中的东方奇迹

独特的凹凸浮雕佛像

寺顶俯视

寺中一角

第五章 丛林遗珠柬埔寨
/ 热带丛林中的东方奇迹

比粒寺侧面远景

们死后多用火葬，意外死亡者则采用土葬。

比粒寺占地面积广阔，建筑很高，坐西朝东。粗糙的石阶上面有很多细密的洞眼，这些洞眼并不是风化所致，而是红砖土壤干化后自然形成的质感。回顾四周，你会发现吴哥窟的艺术成就主要在于雕刻和建筑。宏伟的石构建筑与精美的石刻浮雕传达出古人的人生观、世界观和宇宙观，连守护狮的身形都异常优美。阳光洒在这片古老的土地上，与古朴的建筑物气息交融，形成一种厚重的氛围。

这里也是观赏落日的热门景点之一。每到傍晚就开始有游客聚集在这里，坐在陡峭的台阶上欣赏夕阳。日落之时，这里被火红的霞光笼罩，好似一朵巨大的火焰，像是在唤醒逝去的生灵，使其重生之后走向更远的征途。

比粒寺主要建筑中心殿堂

Banteay Srei
没有女王的女王宫

女王宫

女王宫主殿全景

女王宫位于吴哥古城东北角约 32 千米处，是柬埔寨的三大圣庙之一，是吴哥古迹中最重要的建筑之一，被称为"吴哥建筑群中的明珠"，又因为其小巧而精致的外观、艳丽的色彩、精美的浮雕，还有"吴哥艺术之钻"的美誉。

据相关碑文记载，女王宫是在 10 世纪末开始建造的，是吴哥古建筑群中最晚被发现的一个，直到 1914 年才被发现。

发现女王宫的过程非常有意思。20 世纪初，一个名叫马尔罗的法国作家因为十分迷恋这些精美的艺术雕刻，从女王宫偷走了四件女神的雕像，在国际社会引起轰动。冒犯神灵的窃国宝者马尔罗很快便被逮捕了，被盗的女神雕像也被送回了柬埔寨。原本是一件丑闻，却引发了外界对这座寺庙的浓厚好奇心。随后当局立即展开对女王宫一系列的发掘维护，墙壁、立柱、门楣上大量的精美浮雕——被揭开神秘面纱，开始映入世人的眼帘。

搭乘 TUTU 车前往，顺着脚下红色的土壤走下去，女王宫就会出现在眼前。女王宫整体建筑面积并不大，也比之前看到的神庙矮许多。整个宫殿坐西向东，长约 200 米，宽约 100 米。乍看会以为这里是古代贵族的居所，并不会联想到稀世的神庙，更难以发觉这就是吴哥艺术巅峰的代表作。

女王宫里并没有女王，发掘者因为它的精美细腻而误

长长的参道两侧竖立着象征男性生殖器的"林迦"

进入女王宫东门后沿着参道走，可观赏两侧并列立着的山形墙，上面有湿婆造型的浮雕

女王宫门前有一座刻着《世界遗产名录》的石碑

布满碑文的石壁

以为其是古代女性的宫殿。相传女王宫的所在地其实是国王赐给德高望重的国师作为隐退之所的,国师为了表示对神的敬仰才建造了现今的女王宫,同时为了兼顾对国王的尊重,他特地将神庙修建得低矮平缓,不与国王修建的神庙有所冲突。寺庙内低矮的建筑格局使人们弯着腰才能进入,彰显了对君主和湿婆神的敬意,如此建筑格局虽不宏伟,表面上看起来也无甚辉煌,却有一种世外高人隐居的宁静谦逊。

女王宫与大部分吴哥古建筑群不同的是,设计师在建造女王宫的时候就地取材选用了红色的砂岩,而不是吴哥其他建筑所使用的青砂岩。红色的砂岩看起来色彩十分亮丽,具有酥松的空隙结构,触感温润,耐日晒、耐侵蚀,历久弥新。在1000多年前,高棉人就懂得将红土加工成"人造石",也就是现在看到的红色砂岩,非常适合雕塑工匠在其上雕刻创作。在这种砂岩上雕刻,不用担心石头会有裂缝,可以创作出非常细致精巧的纹理。浮雕雕刻完毕后,再经过自然的风干,就会变得异常坚硬,历经千百年不坏。

女王宫内外有三层,层与层之间的围墙均是由红色砂岩砌成的。从大门走几十米便是中门,大门内道路两旁分别竖立着两排对称的两米多高的朱红色石柱。第二道围墙正东有三个石拱门,

第五章 丛林遗珠柬埔寨
/ 热带丛林中的东方奇迹

第二道围墙大门上有双湿婆雕像

藏经阁

第五章 丛林遗珠柬埔寨
/ 热带丛林中的东方奇迹

狮神辛玛

神猴哈努曼

中门两侧各有一根竹节状石柱和一根镂花石柱，上面是一个山形门楣，门楣的最顶端有许多印度教的神像，湿婆抱着妻子在五重山上，狮、猴、象神态各异在四周奔跑。

继续沿着道路往前走，就到了女王宫的精华之处。有一个大石基连接着三座朱红色的石塔，它们并列建在1米多高的台基上，每座塔的东西南北各有一扇门，门楣低矮，仅有1.2米，游客必须弯腰屈膝才能通过。门上刻有七头大蛇娜迦的形象，每个门前都有一对兽首人身的守护神守卫。鸟形的是神鸟迦楼罗，猴形的是神猴哈努曼，狮头的则是狮神辛玛。两侧墙上是万物之母戴维女神的浮雕，姿态娴雅，栩栩如生，令人过目难忘。

三座石塔中最高的一座位于中间，塔高约十米，里面供奉着印度三相神，中间是湿婆神，南面是梵天神，北面是毗湿奴神。这三座石塔均有五层，每层都有大量的浮雕，塔基及两侧的神龛和门楼上，也有千姿百态的浮雕。在中间寺塔右侧的一座巨大的神龛上，完整地保留着一组石雕《战象图》，再现了当时高棉人民抗击外族侵略的战斗场面。

这座具有智慧的艺术圣殿，是人们对于神祇天堂的极致想象。

北塔墙上是戴维女神的浮雕,有"东方蒙娜丽莎"的美称

第五章 丛林遗珠柬埔寨
/ 热带丛林中的东方奇迹

吴哥窟 Angkor Wat

- 🕔 5:00 — 17:30
- 🎫 分为三种：一日票 20 美元；三日票 40 美元，可以选择连续三天或一周内任意三天参观；七日票 60 美元，可以选择连续七天或一个月内任意七天参观。买票时当场拍照，照片会印在自己的门票上。门票可以参观所有的吴哥古迹，但不包括崩密列、荔枝山和洞里萨湖上的参观项目。
- 📍 Angkor Wat，Siem Reap
- 🚌 从暹粒机场至吴哥窟景区约 5 千米，乘出租车约 50 元人民币，乘 TUTU 车约 40 元人民币
- ℹ️ 景区内随时会有管理人员查票，无票者一旦被发现，要被罚 500 多元人民币。门票丢失不补。

通王城门 Gate of the Angkor Thom

- 🕔 5:00 — 18:00
- 🎫 不需要门票
- 📍 Bayon，Siem Reap（通王城内正中央）
- 🚌 因为景区较大，建议租赁自行车或者包 TUTU 车前往参观
- ℹ️ 由于偷盗严重，只有南城门塑像较为完整，建议先前往南城门参观。

巴戎寺 Bayon

- 🕔 5:00 — 18:00
- 🎫 包含在吴哥窟景区门票中
- 📍 Bayon，Siem Reap（通王城内正中央）
- 🚌 步行、TUTU 车、自行车
- ℹ️ 前往巴戎寺的途中，在路边可以看到许多小猴子，它们不怕人，还会很高兴地与游客合影呢！

巴肯山 Phnom Bakheng

- 🕔 5:00 — 18:00，一般 17:30 停止入场
- 🎫 已包含在吴哥窟景区门票中
- 📍 Phnom Bakheng，Siem Reap
- 🚌 步行上山约半小时。骑大象上山约 130 元 / 人，下山约 100 元 / 人，12 岁以下儿童免费。大象为三人同坐
- ℹ️ 巴肯山台阶陡峭，看日落的人非常多，要有心理准备。旅游旺季时这里人山人海，每天限流 300 人，要早早地来占位置，以便在最佳观赏点欣赏日落。

第五章 丛林遗珠柬埔寨
/ 热带丛林中的东方奇迹

塔逊寺 Ta Som

- 5:00—18:00
- 包含在吴哥窟景区门票中
- Neak Pean, Siem Reap
- 从涅槃宫向东走,步行可达

女王宫

圣剑寺 Preah Khan

- 5:00—18:00
- 包含在吴哥窟景区门票中
- 通王城北门外约 2 千米
- 景区较大，建议租赁自行车或者包 TUTU 车前往参观
- 寺庙面积比较大，建议由西门入、东门出。

涅槃宫 Neak Pean

- 5:00—18:00
- 已包含在吴哥窟景区门票中
- Neak Pean，Siem Reap
- 涅槃宫属于吴哥窟"大圈"游览路线，一般需要包车前往
- 旱季的涅槃宫没有水，雨水充沛的雨季是来涅槃宫最好的时间。

塔布笼寺 Ta Prohm

- 5:00—18:00
- 已包含在吴哥窟景区门票中
- Ta Prohm，Siem Reap
- 一般包车前往，TUTU 车每天约 120 元人民币，汽车每天约 180 元人民币
- 电影《古墓丽影》中大树缠绕着寺庙的景象便是在该处取景，是十分好的拍照地点。

女王宫 Banteay Srei

- 5:00—18:00
- 已包含在吴哥窟景区门票中
- Banteay Srei，Siem Reap
- 女王宫距离暹粒较远，距吴哥古城约 21 千米，乘车约需 45 分钟，因此建议包车前往，可以和崩密列等景点一起游览
- 前往女王宫的沿途风景是地道的柬埔寨乡村生活场景，如果留心，会发现许多有特色的当地民宅，值得一看。

比粒寺 Pre Rup

- 5:00—18:00
- 包含在吴哥窟景区门票中
- Pre Rup，Siem Reap
- 比粒寺楼梯又长又陡，攀爬时需要注意安全